어린이 인문학

공부 비법 전도사 조승연이 들려주는
어린이 인문학

글 조승연 | 그림 박순구
펴낸이 오세인
펴낸곳 세종주니어

출판등록	1992년 3월 4일 제4-172호
주소	서울시 광진구 천호대로132길 15 3층
전화	경영지원 (02)778-4179, 마케팅 (02)775-7011
팩스	(02)776-4013
홈페이지	www.sejongbooks.co.kr
네이버 포스트	post.naver.com/sejongbook
페이스북	www.facebook.com/sejongbooks
원고모집	sejong.edit@gmail.com

초판 1쇄 발행 2015년 12월 22일
14쇄 발행 2022년 8월 25일

ISBN 978-89-8407-900-7 73800

• 잘못 만들어진 책은 바꾸어드립니다.
• 값은 뒤표지에 있습니다.

공부 비법 전도사 조승연이 들려주는
어린이 인문학

조승연 글 | 박순구 그림

세종주니어

프롤로그

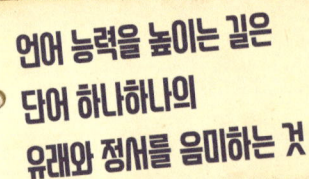
언어 능력을 높이는 길은
단어 하나하나의
유래와 정서를 음미하는 것

2002년, 공부를 쉽게 하는 방법에 대해 쓴 『공부기술』로 큰 사랑을 받은 이후, 멘토링을 하며 많은 학생들의 고민을 들어왔습니다. 당시에는 어렸던 독자들이 고등학생, 대학생, 사회인으로 성장하면서 대학 입시, 이성 교제, 취직 문제, 결혼 문제 등에 대한 고민을 함께 나누었지요. 그 과정에서 '언어 능력'이 학교 성적, 직업 선택, 사회생활, 이성 교제 등 모든 면에 깊은 영향을 끼친다는 것을 깨달았습니다.

저 역시 어릴 때부터 부모님에게 받은 언어 능력 훈련 덕분에 언어 천재라는 소리를 들을 수 있었으며, 이는 학창 시절 학습 능력 향상에 큰 도움이 되었고, 사회생활을 잘 헤쳐 나갈 수 있는 힘이 되었습니다. 이에 언어의 뿌리를 이해하는 데 도움이 되는 어원에 대한 이야기로 자라나는 학생들의 언어 능력을 향상시키고, 인문학적인 사고를 키워 주고자 이 책을 쓰게 되었습니다.

　언어 능력은 학습을 하는 데 있어 이해력을 한층 높여 줍니다. 이해력이 높으면 책을 읽거나 수업을 들을 때 그 내용을 쉽게 알아들을 수 있습니다. 많은 시간을 공부하지 않더라도 학습 효과가 높을 수밖에 없는 것이지요. 반면에 이해력이 부족하면 공부하는 내용의 요점을 파악하기 힘들어 몇 배의 노력을 들여야 하는 어려움이 따르게 되지요.
　언어 능력을 향상시키기 위해서는 인류가 살아온 이야기에 관심을 갖는 것이 좋습니다. 우리 조상들의 이야기를 비롯해 다른 나라 사람들의 문화와 역사에 호기심을 가지고 알아 가는 사이 자연스럽게 언어의 의미와 유래를 익힐 수 있기 때문입니다.

　어릴 때부터 다른 조기 교육 대신 언어 능력 향상에 힘쓴다면 중·고등학교 때 학습에 대한 부담을 훨씬 줄일 수 있습니다. 그리고 발표 수업을 중요시하는 대학에서도 깊이 있는 사고와 폭넓은 지식을 바탕으로 자신의 생각을 마음껏 펼쳐 나갈 수 있고, 직장에 들어가더라도 상사, 동료는 물론 고객이 알아듣기 쉽게 잘 설명하고, 보고서를 잘 작성하며, 프레젠테이션을 능숙하게 하는 탁월함을 보일 수 있습니다.

　그동안 필자는 아시아, 아메리카, 유럽 등 세 대륙의 한국, 미국, 프랑스,

이탈리아 네 나라를 옮겨 다니며 살았습니다. 외국에서는 현지 언어로 소통해야만 사람답게 살 수 있을 것 같아 시작한 외국어 공부에 재미가 붙어 영어, 프랑스 어, 이탈리아 어, 그리고 영어의 한 축인 독일어까지 깊이 있게 공부하게 되었습니다.

여러 언어를 공부하는 과정에서 언어 능력은 반드시 단어 하나하나를 음미해 가는 과정을 거쳐야 깊이 있게 익힐 수 있다는 점을 깨우쳤습니다. 단어마다 인간의 희로애락과 그 언어를 쓰는 민족의 역사와 정서, 감정, 애환이 서려 있다는 것이지요. 그 점을 이해해야 그들의 마음을 움직일 문장으로 조합할 능력이 생긴다는 점도 알게 되었습니다.

원래 어린 아이들은 자라는 과정에서 저절로 모국어의 의미를 깊이 있게 배웁니다. 하지만 우리나라 어린이들에게는 이 과정이 유난히 어렵습니다. 우리말은 소리글이어서 아주 기본적인 단어 이외에는 한문 혹은 영어 단어를 빌려다 쓰고 있기 때문입니다. 이 자체가 문제라는 말은 아닙니다. 어릴 때 한문과 영어 단어의 깊은 의미와 유래를 미리 알아 두어야만 우리말을 잘할 수 있게 된다는 것입니다. 그 점만 잘 익혀 두면 오히려 세 문화권의 지혜를 바탕으로 탁월한 언어 능력을 갖출 수 있습니다.

그러나 이 과정을 건너뛰고 저절로 언어를 익히도록 놔두면 학년이 올라갈수록 늘어나는 한문과 영어 단어들을 이해할 수 없게 됩니다. 조금 어려운 내용의 책이나 신문도 제대로 이해하면서 읽지 못하게 될 가능성이 높습니다. 그렇게 되면 점차 공부가 재미없어지겠지요. 평생 배우며 살아가야 할 정도로 새로운 지식이 넘쳐나는 21세기를 살기에는 치명적인 결함이 아닐 수 없습니다.

 이 책은 영어 공부를 할 때 가장 재미있었던 이야기들을 담았고, 우리가 자주 쓰는 단어의 유래와 역사 등을 흥미로운 이야기로 풀었습니다. 어린 꿈나무들이 술술 읽기만 해도 단어 하나하나를 종이에 꾹꾹 눌러쓰며 음미하는 기분을 느끼게 해 줄 것을 확신합니다. 이 책을 통해 꿈나무들에게 최근 국어에서 한문 못지않게 많이 빌려 쓰는 영어 단어에 대한 관심을 높여 주고, 이를 바탕으로 읽기, 글쓰기, 발표하기에 자신감과 재미를 느끼도록 해 줄 것입니다.

 감사합니다.

2015년 12월

조승연

차례

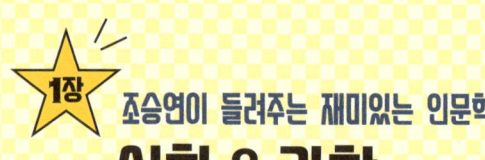

신화 & 과학

아마추어 Amateur _ 14
사랑의 신 아마추어

사이코 Psycho _ 18
큐피드와 사이코의 미친 사랑

아카데미 Academy _ 23
올리브 나무 그늘에서 시작된 학교, 아카데미

판도라 Pandora _ 30
골칫거리가 가득 담긴 판도라의 상자

사이렌 Siren _ 34
사이렌은 바다에서 울렸다

보헤미안, 플라멩코 Bohemian, Flamenco _ 38
인생을 즐기며 사는 보헤미안과 플라멩코

폭스, 바겐 Folks, Wagon _ 43
폭스바겐은 독일의 민속 달구지

버그 Bug _ 46
기계 속의 말썽꾸러기, 버그

로봇 Robot _ 50
체코의 노비와 인조인간

아이콘 Icon _ 54
순교자의 초상화와 아이콘

2장 조승연이 들려주는 재미있는 인문학
문화 & 예술

애니메이션 Animation _ 60
무생물이 살아 숨 쉬는 애니메이션

클래식 Classic _ 64
귀족들의 음악, 클래식

카르멘, 차밍 Carmen, Charming _ 70
노래에서 나오는 매력

페르소나 Persona _ 74
연극은 인생의 축소판

아바타 Avatar _ 78
가상 세계에서 나를 대신하는 아바타

뮤지엄 Museum _ 84
예술의 신들이 살았던 박물관

키치 Kitsch _ 88
귀족들을 조롱한 키치 패션

롤링 스톤 Rolling Stone _ 93
구르는 돌에는 이끼가 끼지 않는다?

3장 조승연이 들려주는 재미있는 인문학
음식 & 커피

샌드위치 Sandwich _ 100
도박꾼 몬테규 백작이 유행시킨 샌드위치

스팸 Spam _ 104
비상식량에서 광고 메일로 추락한 스팸

**크루아상, 비엔나 커피, 부팅
Croissant, Vienna Coffee, Booting _ 109**
비엔나 전투와 크루아상, 비엔나 커피, 부팅

스타벅스 Starbucks _ 114
갈대 개울에서 시작된 커피 전문점

베네 Bene _ 118
반듯하고 아름다운 게 최고라는 베네

카푸치노 Cappuccino _ 122
카푸친 수도승과 커피

마르게리타 Margherita _ 127
왕비의 이름에서 생겨난 마르게리타 피자

터키 Turkey _ 132
불쌍한 인디언들과 칠면조

위스키, 보드카 Whisky, Vodka _ 136
사람 잡는 생명의 물

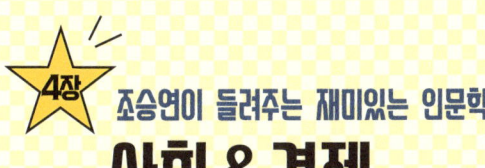

사회 & 경제

조승연이 들려주는 재미있는 인문학 4장

머니 Money _ 142
모네타 신전에서 생긴 돈

더치페이 Dutch Pay _ 147
네덜란드 인의 상술과 더치페이

프레스티지 Prestige _ 152
마술 쇼로 반란을 막다

럭셔리 Luxury _ 156
뼈가 뺀 바람둥이

클라이언트 Client _ 160
허리를 굽히던 손님들

매니저 Manager _ 165
말의 고삐를 쥔 매니저

디자이너 Designer _ 170
상상력으로 돈을 버는 직업, 디자이너

매직 Magic _ 174
고대 공학자들의 초능력

프라이버시 Privacy _ 179
영국의 해적들과 프라이버시

프리티, 큐트 Pretty, Cute _ 184
속임수를 잘 쓰는 여자

레이디, 허즈번드 Lady, Husband _ 188
부부는 고달프다

로맨스 Romance _ 192
아름답지 않았던 로맨스

페루 Peru _ 197
페루는 '저쪽'이다

튜닝 Tuning _ 202
몽골의 마두금에서 유래한 바이올린과 튜닝

로열 로드 Royal Road _ 206
공부에는 왕도가 없다

텍스트 Text _ 210
옷감과 텍스트

마더, 메트로 Mother, Metro _ 214
엄마와 지하철

땡큐, 플리즈 Thank you, Please _ 219
언젠가는 갚겠다

조승연이 들려주는 재미있는 인문학
신화 & 과학

Pandora

Psycho

Academy

Amateur

Icon

Bohemian, Flamenco

Folks, Wagon

Bug

Siren

Robot

Humanity

#아마추어 Amateur
사랑의 신 아마추어

스포츠나 예술 분야 등에서 전문적인 기량으로 직업을 삼은 사람을 '프로'라고 해요. 반면 직업으로 삼지는 않고 취미로 즐기며 한 분야에 푹 빠진 사람을 '아마추어amateur'라고 하지요.

아마추어는 '사랑'을 뜻하는 라틴 어 '아모르amor'에서 비롯된 말로 원래 '애인'을 뜻하는 단어였어요.

아모르는 로마 신화 속 인물이에요. 사랑의 여신인 베누스의 아들로 '큐피드'라고도 부르지요. 아모르는 금 화살과 납 화살을 가진 어린 궁수였는데, 그의 화살은 아주 특별했어요. 그가 쏜 금 화살에 맞으면 눈앞에 있는 사람과 무조건 사랑에 빠지고, 납 화살에 맞으면 눈앞에 있는 사람으로부터 무조건 도망치게 되는 신비한 힘이 있었지요.

어느 날 태양의 신 아폴로가 아모르를 찾아와 잘난 체를 했어요.

"아모르야, 네가 아무리 활을 잘 쏜다 해도 내 실력에 비하면 넌 하룻강아지에 불과해."

그 말에 화가 난 아모르가 아폴로에게 활을 겨누며 말했어요.

"그렇다면 내 활 솜씨가 어떤지 맛 좀 볼래요?"

아모르는 아폴로를 향해 금 화살을 쏘았어요. 그리고 바로 아폴로 앞에 서 있던 요정 다프네에게는 납 화살을 쐈지요. 그러자 아폴로는 다프네를 사랑하게 되어 그녀를 미친 듯이 쫓아다니게 되었고, 납 화살에 맞은 다프네는 아폴로로부터 도망쳐 다녔어요.

아폴로에게 계속 도망쳐 다니다 지친 다프네는 강과 대지의 여신에게 도움을 청했어요.

"헉헉! 여신님! 아폴로가 쫓아오는데 숨이 차고 다리가 아파 더 이상 꼼짝도 못하겠어요. 저 좀 도와주세요."

강과 대지의 여신은 다프네에게 도와주겠노라 약속했어요. 그리하여 잠시 후 헐레벌떡 달려온 아폴로가 다프네를 잡으려는 순간, 여신은 다프네를 월계수로 변신시켜 버렸어요. 절망한 아폴로는 털썩 주저앉아 탄식했어요.

"아아! 이를 어쩌면 좋단 말인가?"

그때부터 아폴로는 월계수를 평생 동안 아끼고 사랑했대요. 이것이 유래가 되어 그리스에서는 올림픽이나 전쟁에서 승리한 영웅에게 월계관을 머리에 씌워 주는 전통이 생겼다고 해요.

원래 '애인'을 뜻하던 아마추어는 이후 그 뜻이 여러 번 변했어요. 한때는 음악이나 미술 작품을 지극히 사랑하는 사람을 말하기도 하고, 스포츠나 예술 등을 취미로 즐기는 사람들을 이르기도 했지요. 지금은 다른 사람의 말귀를 이해하지 못하거나 미숙한 사람을 뜻하기도 해요.

이처럼 언어는 사회의 변화에 따라 좋은 뜻에서 나쁜 뜻으로 변하기도 하고, 처음에는 나쁜 뜻이었으나 나중에는 좋은 뜻으로 변하는 경우도 있어요.

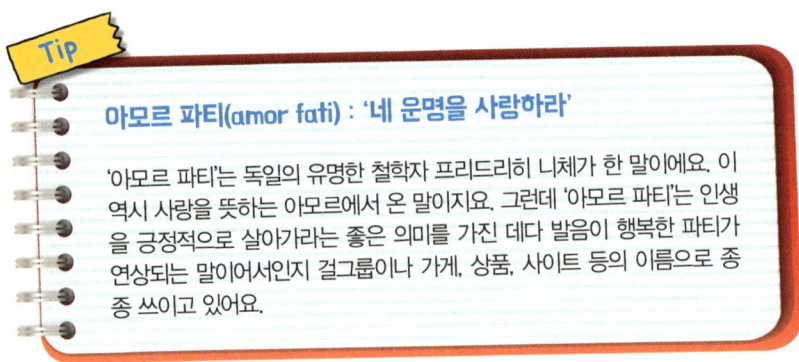

Tip

아모르 파티(amor fati) : '네 운명을 사랑하라'

'아모르 파티'는 독일의 유명한 철학자 프리드리히 니체가 한 말이에요. 이 역시 사랑을 뜻하는 아모르에서 온 말이지요. 그런데 '아모르 파티'는 인생을 긍정적으로 살아가라는 좋은 의미를 가진 데다 발음이 행복한 파티가 연상되는 말이어서인지 걸그룹이나 가게, 상품, 사이트 등의 이름으로 종종 쓰이고 있어요.

#사이코 Psycho
큐피드와 사이코의 미친 사랑

가끔 정신이 이상한 사람들이 큰 사고를 저질러 뉴스에 나오는 걸 볼 수 있는데, 이런 정신 이상자를 영어로 '사이코psycho'라고 해요. 그런데 사이코라는 말은 어떻게 해서 생겨났을까요?

정신 이상자는 '정신' 또는 '영혼'을 뜻하는 라틴 어 '프시케psyche'와 '아프다'는 뜻의 '페이토스pathos'를 합쳐서 '정신이 아픈 사람'이란 뜻으로 '사이코패스psychopath'라고 했어요. 이를 줄여서 '사이코psycho'라고 부르지요. 사이코는 지금 정신병자라는 뜻으로 쓰이지만 원래는 '정신과 관련된'이라는 단순한 형용사였어요.

로마 신화에서 '프시케'는 베누스의 아들인 아모르, 즉 '큐피드

Cupid'와 결혼한 여인으로 유명해요. 그럼 프시케가 신화 속 그림에 나오는 큐피드와 결혼한 이야기를 들어 볼까요?

프시케는 지중해 근처에 있는 작은 나라의 공주였어요. 무척 아름다웠던 프시케는 많은 남자들의 관심을 한 몸에 받고 있었지요. 베누스는 이를 질투하여 프시케가 빨리 시집가기를 바랐어요. 프시케에게 남편이 생기면 다른 남자들의 관심을 자신이 독차지할 수 있을 거라고 생각했기 때문이지요. 하지만 몇 해가 지나도록 프시케는 결혼할 기미가 없었고, 안달이 난 베누스는 아들 큐피드를 불렀어요.

마침 큐피드는 누구든 한번 맞으면 사랑에 빠지게 하는 금 화살을 가지고 나타났어요. 베누스가 말했어요.

"내 아들 큐피드야. 프시케가 자고 있을 때 안으로 살짝 들어가 이 금 화살을 쏘도록 해라."

큐피드는 어머니의 말대로 프시케가 잠든 침실로 몰래 숨어들었어요. 그리고 금 화살을 쏘려다 자고 있는 프시케를 본 순간, 그녀의 아름다움에 반해 그만 금 화살을 놓쳐 버렸어요. 그런데 엉뚱하게도 그 금 화살이 큐피드 발에 꽂히고 만 거예요. 그 순간 큐피드는 프시케를 열렬히 사랑하게 되었지요.

한편, 프시케의 부모는 딸이 결혼할 생각을 하지 않아 큰 걱정이었어요. 그들은 신전을 찾아가 딸이 하루빨리 결혼하게 해 달라고 열심히 기도했어요. 그리고 신들로부터 계시를 받게 되었지요.

"거참, 안됐구나. 프시케는 유피테르도 두려워할 만큼 무시무시한 괴물과 결혼할 운명이란다. 그러니 우리가 정해 준 날에 프시케에게 검은 옷을 입혀 괴물에게 바쳐라."

마침내 신들이 정한 날이 되어 프시케는 절벽 꼭대기로 끌려갔어요. 프시케가 괴물에게 바쳐질 찰나, 갑자기 거센 바람이 불어 그녀를 하늘 높이 들어 올렸어요. 그리고 순식간에 프시케를 아름다운 숲 속에 지어진, 금은보화가 가득 찬 궁전으로 데려갔어요.

밤이 되고 불이 꺼진 후 그녀의 남편이 나타났어요. 하지만 너무 어두워서 얼굴도 보지 못한 채 첫날밤을 보내게 되었어요. 그리고 날이 밝자 그 남편은 어디론가 감쪽같이 사라졌어요. 그날 이후로 프시케의 남편은 항상 밤에만 나타났다가 해 뜨기 전에 사라지곤 했어요.

며칠 후, 프시케가 사는 궁전에 놀러 온 그녀의 언니들은 아름다운 궁전의 모습에 몹시 샘이 났어요. 그래서 프시케에게 말했지요.

"프시케, 네 남편이 괴물이라는 걸 잊은 거야? 오늘 밤 남편이 나타나 잠들면 꼭 불을 켜서 얼굴을 보고, 진짜 괴물이면 칼로 해치운 뒤 도망쳐야 해."

언니들의 꾐에 빠진 프시케는 그날 밤 남편이 잠들기를 기다렸다 갑자기 불을 켰어요. 침대에는 괴물이 아닌 너무나 잘생긴 남자가 누워 있었지요. 남편의 아름다운 모습에 반한 프시케는 자기도 모르게 뒷걸음치다가 바닥에 놓인 화살에 발을 찔리고 말았어요.

그 순간 프시케는 남편을 열렬히 사랑하게 되었지요. 사실 프시케의 남편은 큐피드였고, 프시케는 큐피드가 아무렇게나 던져 놓은 금화살에 발을 찔린 거예요. 소란스러운 소리에 잠에서 깬 큐피드는 정체를 들킬까 봐 얼른 궁전 밖으로 사라져 버렸어요.

남편의 정체를 알지 못한 채 홀로 남겨진 프시케는 사랑의 여신 베누스에게 달려가 남편을 찾아 달라고 애원했어요. 오랫동안 프시케의 아름다움을 질투해 온 베누스는 큐피드가 있는 곳을 알려 주기는커녕 하녀처럼 부려 먹기만 했어요. 심지어 지옥에 다녀오라는 심부름까지 시켰지요. 남편을 꼭 만나고 싶었던 프시케는 마다하지 않고 지옥까지 다녀오다가 실수를 해서 그만 목숨을 잃고 말았어요.

이 소식을 들은 큐피드는 부랴부랴 죽은 아내를 찾아내 입을 맞추고 그녀의 몸 안으로 생명을 불어넣어 주었어요.

그 덕분에 프시케는 다시 살아날 수 있었지요. 마침내 두 사람의 사랑에 감동한 베누스는 큐피드와 프시케의 결혼을 허락했어요. 그 뒤

두 사람은 예쁜 딸을 낳고 잘 살았답니다.

그 후로 로마 사람들은 큐피드가 프시케에게 생명의 숨결을 불어넣어 준 입맞춤으로 키스가 생겼다고 믿었대요. 수많은 미술 작품으로 그려진 큐피드와 프시케의 키스 장면은 역사적으로 아주 유명하지요.

사랑 때문에 목숨을 잃고 사랑의 키스로 다시 살아난 프시케의 이야기는 사랑을 할 줄 모르는 메마른 정신을 가진 사람도 사랑의 숨결을 느끼면 정신이 되살아난다는 아름다운 교훈이 담겨 있어요. '사랑'을 뜻하는 큐피드가 '정신'을 뜻하는 프시케를 살린 것이지요.

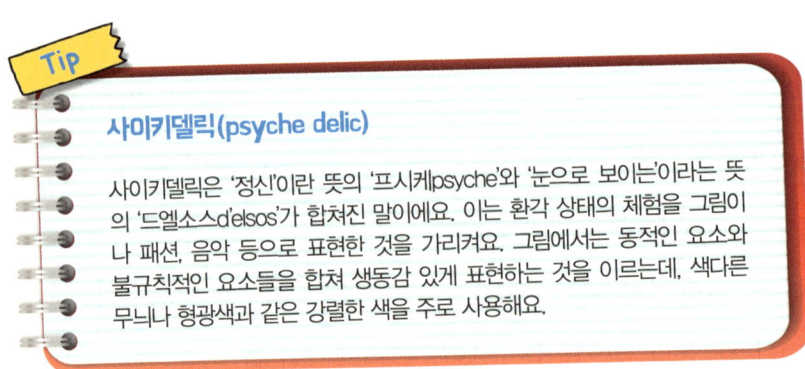

사이키델릭(psyche delic)

사이키델릭은 '정신'이란 뜻의 '프시케psyche'와 '눈으로 보이는'이라는 뜻의 '드엘소스d'elsos'가 합쳐진 말이에요. 이는 환각 상태의 체험을 그림이나 패션, 음악 등으로 표현한 것을 가리켜요. 그림에서는 동적인 요소와 불규칙적인 요소들을 합쳐 생동감 있게 표현하는 것을 이르는데, 색다른 무늬나 형광색과 같은 강렬한 색을 주로 사용해요.

#아카데미 Academy

올리브 나무 그늘에서 시작된 학교, 아카데미

친구들도 아카데미라는 말을 많이 들어 봤지요? 우리나라에서는 학원 이름에 '○○아카데미', '△△아카데미' 등으로 많이 쓰이고 있어요. 아카데미라는 말은 어디에서 왔을까요?

아카데미는 원래 나무 이름이에요. 수천 년 전 아테네에는 올리브 나무가 참 많았다고 해요. 옛날 아테네 사람들은 한가할 때면 도시의 올리브 나무 그늘에 모여 앉아 이런저런 세상 이야기를 하며 놀았어요. 그런데 올리브 나무 중 특별한 이름을 가진 나무가 있었는데, 바로 '아카데미academy'라는 나무였어요.

왜 올리브 나무에 아카데미라는 이름이 붙었으며, 학원 이름에 아카데미를 쓰고 있는 걸까요?

'아카데미'는 도시 국가 아테네의 건국 신화에서 유래되었어요.

아테네가 아직 도시 국가가 되기 전의 일이었어요. 그 무렵 가장 강력한 도시 국가였던 크레타 사람들은 걸핏하면 작은 마을에 불과한 아테네 사람들을 괴롭혔지요.

당시 크레타의 왕 미노스는 권력을 탐내는 동생들과 싸우느라 부인에게 관심을 가질 틈이 없었어요. 매일 홀로 지내며 외로워하던 미노스의 부인은 흰 소에게 사랑을 느끼게 되었어요. 하지만 소가 그녀에게 아무런 관심을 보이지 않자 암소처럼 꾸민 나무통에 들어가 소의 환심을 샀어요.

사람이 동물과 사랑한다는 이야기가 허무맹랑하지만 신화 속의 이야기니까 이해하기로 해요. 단군 신화에도 곰이 하느님의 아들인 환웅의 아내가 되고 싶어 쑥과 마늘을 먹으면서 100일 동안 참고 지내다 마침내 아름다운 여인으로 변신한다는 이야기가 나오니까요.

마침내 미노스의 부인은 흰 소와의 사이에서 남자아이를 낳았어요. 그런데 어떡하지요? 아이는 소의 머리에 인간의 몸을 가진 괴물이었던 거예요. 사람들은 그 괴물을 '미노스의 소'라며 '미노타우로스 Minotauros'라 불렀어요.

미노스의 부인은 괴물로 태어난 아들 미노타우로스를 끔찍이 아껴

주었어요. 하지만 엄마의 사랑에도 아랑곳없이 미노타우로스는 닥치는 대로 사람을 잡아먹는 무서운 괴물로 자랐지요. 미노스 왕은 기가 막혔어요. 그래서 깊이 고민한 끝에 신하들에게 명령했어요.

"누구도 절대 빠져나올 수 없는 미궁을 짓고 그 안에 미노타우로스를 가둬라!"

미노스 왕은 미노타우로스를 차마 죽이지는 못하고 가둬 둔 채 먹이를 주기로 한 거예요. 왕은 힘없는 아테네 사람들을 붙잡아 미노타우로스에게 제물로 바치라고 했어요.

그때부터 크레타 군사들은 아테네에서 정기적으로 젊은 남자 7명, 여자 7명을 잡아다 미노타우로스의 먹이로 바쳤어요. 억울하게 먹잇감이 된 아테네 젊은이들은 크레타의 미궁에 갇혔다가 밖으로 빠져나오지 못한 채 미노타우로스의 먹이가 되곤 했어요.

그러던 어느 날, 테세우스라는 잘생긴 청년이 미노타우로스의 먹잇감으로 뽑혔어요.

미노스 왕 부부에게는 예쁜 공주가 있었지요. 공주는 오빠인 미노타우로스를 무척 싫어했어요.

'흥! 엄마는 괴물 오빠만 좋아해. 괴물 오빠가 없어졌으면 좋겠어.'

늘 그런 생각을 가지고 있던 공주는 아테네에서 잡혀 온 테세우스를 보고 한눈에 반했어요.

'저렇게 멋진 남자가 미노타우로스의 먹이가 되다니 너무 불공평해.'

사랑에 빠진 공주는 오빠를 죽이고 테세우스와 행복하게 살고 싶은 마음뿐이었어요. 공주는 오빠를 죽일 계획을 세운 뒤 테세우스에게 말했어요.

"오늘 당신이 미궁으로 들어가면 당장 미노타우로스에게 잡아먹힐 거예요. 하지만 제 말을 따른다면 목숨을 구할 수 있어요."

"어떻게 하면 되겠소?"

이렇게 묻는 테세우스에게 공주는 기다란 실이 묶여 있는 실타래와 칼을 주었어요.

"미궁 입구에 실 끝을 묶고 술술 풀면서 안으로 들어가세요. 그러다 미노타우로스를 만나면 이 칼로 죽이고 실을 따라 미궁 밖으로 나오면 돼요."

테세우스는 공주의 말대로 미노타우로스를 죽이고 겨우 목숨을 건졌어요. 그리고 곧바로 공주와 무인도로 도망쳤어요. 공주는 테세우스와 결혼해 행복하게 살 생각에 마음이 부풀어 있었지요. 하지만 테세우스는 공주를 무인도에 버려 둔 채 고향인 아테네로 돌아가 버렸어요. 배신당한 공주는 소리쳐 울부짖었지만 아무 소용이 없었어요.

고향에 돌아온 테세우스는 사람들과 힘을 합쳐 크레타로부터 아테네를 독립시킨 뒤 아테네의 첫 번째 왕이 되었어요.

아테네의 왕이 된 테세우스는 곧 왕빗감을 찾기 시작했어요. 그러던 중 테세우스는 열두 살 소녀인 헬레네에게 마음을 빼앗겼어요. 하지만 헬레네가 너무 어려 곧바로 결혼할 수가 없었지요. 테세우스는 훗날 헬레네가 자라면 결혼하기로 작정하고 우선 그녀를 납치해 궁궐 깊숙이 가둬 두었어요.

그러자 헬레네의 용감한 오빠들이 누이동생을 구하기 위해 군사를 모아 궁으로 쳐들어가려 했지요. 그때 아테네 시민인 '아카데모스 Academos'가 헬레네의 오빠들에게 충고했어요.

"그대들이 궁으로 쳐들어가면 큰 전쟁이 일어날 것이고, 테세우스 왕을 이긴다는 보장도 없소."

"그럼 어쩌면 좋겠소?"

"내가 헬레네가 갇힌 장소를 자세히 알려 줄 테니 몰래 들어가 구하시오. 그러면 큰 전쟁을 면할 수 있을 게 아니오?"

헬레네의 오빠들은 아카데모스의 말을 듣고 성에서 쉽게 누이동생을 구해 집으로 돌아갔어요.

아카데모스 덕분에 평화를 지키게 된 아테네 사람들은 그 후 그를

추앙하는 뜻에서 커다란 올리브 나무를 심고 '아카데모스의 나무'라는 뜻으로 '아카데미'라 불렀다고 해요.

서양 학문의 아버지로 불리는 플라톤은 넓은 공터에 젊은이들을 모아 놓고 여러 지식과 학문을 가르치곤 했어요. 그러다가 햇볕이 뜨거운 날에는 아카데미라 불리던 올리브 나무 아래에서 강연을 했지요. 그리하여 학교라는 시설이 없었던 당시 사람들에게 아카데미는 강연을 하는 장소로 기억되었어요.

그 뒤 플라톤에게 학문을 배운 제자들이 유럽의 각 지역으로 퍼져 나가 학교를 세웠고, 그 시설을 '아카데미'라고 불렀던 거예요. 그런 유래에 따라 오늘날에도 학교나 학당 등을 아카데미라고 부르게 된 것이랍니다.

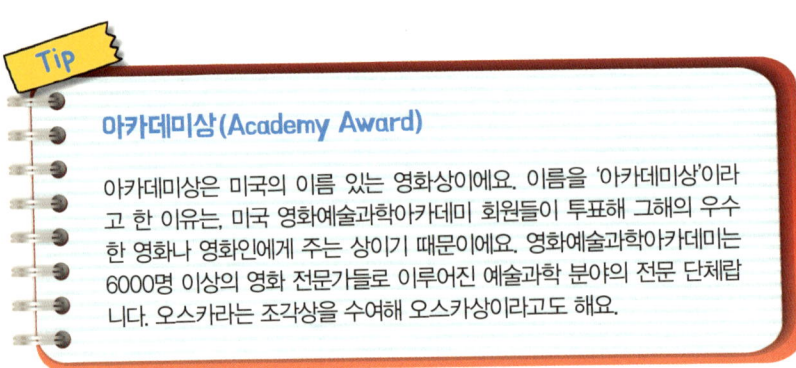

아카데미상(Academy Award)

아카데미상은 미국의 이름 있는 영화상이에요. 이름을 '아카데미상'이라고 한 이유는, 미국 영화예술과학아카데미 회원들이 투표해 그해의 우수한 영화나 영화인에게 주는 상이기 때문이에요. 영화예술과학아카데미는 6000명 이상의 영화 전문가들로 이루어진 예술과학 분야의 전문 단체랍니다. 오스카라는 조각상을 수여해 오스카상이라고도 해요.

사랑이 꽃피는 아카데미

#판도라 Pandora
골칫거리가 가득 담긴 판도라의 상자

한 번 뚜껑을 열면 온갖 골칫거리가 드러나는 상황을 흔히 "판도라 pandora의 상자가 열렸다."라고 말해요. 판도라의 상자에는 '세상의 모든 문제'가 들어 있었기 때문이에요. 그런데 판도라는 '모든 선물'이란 뜻의 이름을 가지고 있던 인류 최초의 여성이에요. 아이러니하게도 '모든 선물'을 뜻하는 이름의 판도라가 연 상자가 '모든 문제'를 뜻하게 된 거지요.

그렇다면 판도라의 상자라는 말은 어떻게 생겨난 것일까요?

먼 옛날, 그리스에 헤시오도스라는 시인이 살았어요. 헤시오도스는 까마득한 옛날부터 조상 대대로 내려오는 전설을 외워 글을 모르는 자기 부족 사람들에게 들려주곤 했어요. 당시 이런 이야기를 전하는 사람을 '이스토르'라고 불렀어요. '역사'를 뜻하는 '히스토리history'가 바로 이스토르란 말에서 비롯되었지요. 당시에는 전설이 곧 역사이고, 역사가 곧 전설이었던 셈이에요.

헤시오도스가 기록한 전설에 따르면 인간이 나타나기 전 세상에는 신과 거인들만 있었대요. 그런데 어느 날 갑자기 인간이 나타나 신과 거인들로부터 살아가는 방법을 배워 나가기 시작했어요. 신 중의 신 유피테르는 학습 능력이 뛰어난 인간들에게 신들의 비밀을 절대로 알려 주지 말라고 신들에게 명령했어요. 신들의 권력을 지키고 인간을 경계하려는 속셈이었지요. 특히 가장 중요한 불을 다루는 방법은 영원히 가르쳐 주지 않을 생각이었어요.

하지만 인간을 사랑한 거인 프로메테우스가 유피테르가 숨겨 놓은 불씨를 인간에게 건네주고, 불의 비밀에 대해서도 알려 주었어요. 프로메테우스가 신들을 배반했던 거지요. 불의 비밀에 대해 알게 된 인간은 불을 이용해 야생 동물들을 쫓아낸 뒤 대장간을 만들고, 그곳에서 여러 도구를 만들어 문명을 탄생시켰어요.

유피테르는 인간이 신의 영역을 침범한 것을 도무지 참을 수가 없었어요. 그리하여 생각했지요.

'아! 인간들이란 정말 고약한 존재군. 나도 가만히 있을 수 없지. 인간들이 스스로 죽어 가면서도 그게 행복인 줄 착각하게 만들어야겠어.'

유피테르는 대장장이 신 불카누스를 불러내 지시했어요.

"진흙에 물을 섞어 여신의 몸을 닮은 인간을 만드시오."

곧이어 여신을 닮은 여자가 만들어지자 유피테르는 올림푸스의 열두 신을 불러 당부했어요.

"저 여인에게 남자를 괴롭힐 수 있는 무기를 하나씩 선물하시오."

이에 따라 열두 신은 각각 인간 남자를 괴롭힐 무기를 한 가지씩 선물했어요. 사랑의 여신 베누스 같은 경우에는 '남자의 팔다리에서 힘이 빠지고 마음을 불안하고 아프게 하는 힘'을 주었어요. 이처럼 열두 신이 저마다 선물을 안겨 주었기 때문에 신들이 빚어 인간에게 내린 여자를 '모든 선물'이란 뜻의 '판도라'로 불렀다고 해요.

최초의 여성인 판도라는 세상의 모든 죄악과 고통이 담긴 물병 하나를 들고 인간 세계로 내려왔어요. 그리고 호기심에 가득 찬 사람들 앞에서 물병을 열었어요. 그러자 거짓말, 질병, 모순, 공포와 같은 모든 나쁜 것들이 튀어나왔지요. 그래서 한 번 뚜껑을 열면 돌이킬 수 없는 복잡한 문제를 오늘날까지 '판도라의 상자'라고 부른답니다.

여동생 VS 언니

#사이렌 Siren
사이렌은 바다에서 울렸다

거리를 다니다 보면 소방차나 구급차가 요란한 '사이렌siren'을 울리며 바쁘게 지나가는 것을 볼 수 있어요. 이 사이렌이란 단어에도 재미있는 전설이 있어요.

사이렌은 옛날에 유럽의 뱃사공들이 두려워하던 물귀신의 이름이에요. 그때는 제대로 된 지도나 나침반 같은 것도 없이 망망대해를 항해했기 때문에 사이렌은 위험한 바다에서 절대 마주치고 싶지 않은 무서운 존재였지요.

그 물귀신들은 기록하는 사람에 따라 다른 모습으로 묘사되었어요. 1398년 프랑스의 어떤 학자는 백과사전을 만들면서 사이렌에 대해 다음과 같이 설명했어요.

'아라비아에는 사이렌이라고 하는 뱀이 사는데, 독이 얼마나 강한지 미처 깨물기도 전에 사람이 죽는다.'

또 다른 학자는 이렇게 적었어요.

'아라비아에는 사이렌이라는 뱀이 사는데, 말보다 빠르고 어디든지 날아다닐 수 있는 날개가 있다.'

이런 기록들 중 가장 믿을 만한 주장은 인어가 사이렌이라는 이야기예요. 1366년 영국 학자가 프랑스 어로 된 책을 영어로 옮기면서 '우리 영국인이 인어라고 부르는 것을 프랑스에서는 사이렌이라고 부른다.'라고 적었어요.

사이렌은 그리스 신화를 이야기한 시인 호메로스의 서사시 『오디세이』에 처음 등장해요. 『오디세이』에서는 사이렌이 바닷속 암초 위에 앉아 노래를 불렀는데, 그 노랫소리가 어찌나 아름다운지 노래를 들은 사람은 자기도 모르게 바다에 뛰어들어 죽게 된다고 했어요.

한편 트로이 전쟁의 영웅 율리시스는 전쟁을 마치고 집으로 돌아가려면 배를 타고 사이렌들이 사는 바다를 통과해야 했어요.

호기심이 많았던 율리시스는 사이렌의 노래가 얼마나 아름다운지 직접 들어 보고 싶었어요. 그래서 사이렌의 노래를 듣고도 살아남을 수 있는 방법을 찾아보았죠. 그는 사이렌의 노래에 홀려 바다로 뛰어들지 못하도록 선원들에게 자기 몸을 돛대에 단단히 묶어 달라고 부탁했어요. 그리고 선원들의 귀에는 왁스를 집어넣어 노랫소리를 듣지 못하게 했지요. 그리하여 율리시스는 아름다운 사이렌의 노래를 듣고도 살아남을 수 있었답니다.

하지만 사이렌의 노래를 듣고 살아남은 첫 번째 사람이 율리시스가 아니라 전설 속 영웅 이아손이라는 주장도 있어요. 이아손은 황금 날개를 가진 신기한 양을 찾으려고 평생 동안 배를 타고 지중해를 누볐대요. 그러던 어느 날 사이렌들이 사는 섬 근처를 지나게 되었지요. 다행히 그 배에는 아름다운 하프 소리로 지옥의 문을 열게 만든 오르페우스라는 음악가가 타고 있었어요.

오르페우스는 사이렌들의 노래가 들려오기 직전 하프를 연주했는데, 그 소리가 어찌나 아름다운지 사이렌들의 목소리가 묻혀 버릴 정도였어요. 그 덕분에 이아손은 무사히 바다를 건널 수 있었지요.

이아손의 이야기에는 약 2000년 전에 쓰인 소설에 나오는데, 이 소설은 사이렌의 모습을 '젊은 여자와 새를 섞어 놓은 것 같았다.'라고 설명해 놓았어요. 그 글을 읽은 후대 사람들은 사이렌이 어떻게 생겼는지 더 헷갈려 했다고 해요.

19세기로 접어들면서 과학이 발달하자 사이렌을 보았다는 목격담은 점점 줄었어요.

이렇게 잊혀져 가던 '사이렌'이라는 말은 바다에서 일어난 선박 사고들과 함께 되살아나게 되었지요. 뉴욕이나 런던 같은 부둣가에 짙은 안개가 끼면 거대한 여객선들끼리 충돌해 수천 명씩 물에 빠져 죽는 사고가 여러 번 일어났어요. 더구나 고대의 거인족 타이탄이 만든 것처럼 큰 배라고 해서 '타이타닉'으로 불리던 역사상 최대의 여객선이 북해를 항해하다 빙하와 충돌해, 수천 명의 승객들이 바닷물에 빠져 죽는 끔찍한 사건도 일어났어요.

그래서 여객선에서는 안개를 조심하라는 뜻에서 커다란 나팔을 불었는데, 이것을 '포그호른foghorn'이라고 해요. 안개가 낀 날 바다에서 들려오는 이 나팔 소리가 마치 사이렌의 노랫소리처럼 섬뜩하게 들린다고 해서 이 나팔 소리 역시 '사이렌'이라고 했어요. 그 뒤 위급한 상황을 알리는 신호 장치는 모두 '사이렌'이라고 부르게 되었답니다.

#보헤미안, 플라멩코
Bohemian, Flamenco
인생을 즐기며 사는 보헤미안과 플라멩코

　프랑스에서는 '가난하게 살면서도 인생을 즐기며 사는 예술가'를 '보헤미안Bohemian'이라고 해요. 보헤미안은 '보헤미아Bohemia 사람'이라는 뜻인데, 체코의 옛 이름이 보헤미아이므로 곧 '체코 사람'을 뜻해요. 그런데 왜 파리의 예술가들에게 보헤미안이라는 이름을 붙이게 되었을까요?

　먼 옛날 유럽에는 마차에 모든 살림살이를 싣고 여기저기 떠돌며 살던 무리가 있었어요. 그들은 새로운 마을에 도착할 때마다 넓은 공터에 자리 잡고 바이올린 연주와 무용, 서커스와 묘기, 타로 점치기 등으로 돈을 벌곤 했어요. 그리고 밤에는 성 밖으로 나가 모닥불을 피우고 음식을 만들어 먹으며 춤추고 노래하다 텐트에서 잠을 잤어요. 그러다가 더 이상 손님이 없으면 다른 마을로 옮겨 가곤 했지요.

1418년 어느 날이었어요. 이런 떠돌이 무리 중 한 패거리가 독일 남부의 아우크스부르크에 도착했어요. 공터에 자리 잡은 패거리의 대표가 공연 허가를 받으러 아우크스부르크 시청으로 찾아갔어요.

시청 공무원이 물었어요.

"당신들은 어디에서 왔습니까?"

"우리는 소이집트 사람들인데 여러 곳을 다니며 공연하다가 여기까지 왔다오."

"소이집트가 어디에 있소?"

패거리의 대표는 소이집트가 어떤 곳인지 열심히 설명했어요. 그러나 소이집트가 어디에 있는 어떤 나라인지는 아무도 몰랐어요.

"소이집트가 어디에 있는 어떤 나라인지는 모르겠지만 조용히 공연만 하고 가시오."

시청 공무원이 이렇게 말하고는 공연 허가증을 내주었어요. 하지만 그 사실을 알게 된 시민들이 그 패거리가 아우크스부르크 도시 안으로 들어오는 것을 막았어요.

"당신들은 절대 이곳으로 들어와서는 안 되오. 큰일이 생기기 전에

어서 떠나시오."

그러자 패거리의 대표가 물었어요.

"우린 그저 하룻밤 공연만 한 뒤 떠날 건데 왜 이렇게 반대를 하시오? 이미 시청에서 공연 허가까지 받았단 말이오."

하지만 시민들은 고집불통이었답니다. 왜냐하면 먼 옛날부터 아우크스부르크 시민들 사이에서는 떠돌아다니는 패거리들에 대한 나쁜 소문이 돌았기 때문이지요. 과연 어떤 소문이었을까요?

아득한 옛날부터 이집트 외곽에 터를 잡고 살던 민족이 있었어요. 하루는 이스라엘의 헤롯 왕이 베들레헴에서 왕 중의 왕이 될 아이가 태어나는 꿈을 꾸고 크게 놀랐어요. 헤롯 왕은 그 꿈이 장차 자신의 왕위를 노릴 반역자가 태어난 것을 알려 주는 꿈이라고 생각했어요. 그래서 급히 신하들을 불러 지시했지요.

"요 며칠 사이에 베들레헴에서 태어난 갓난아기들을 찾아 모두 죽여 없애라."

헤롯 왕이 그 꿈을 꾸던 날 예수는 베들레헴에서 태어났어요. 예수의 부모인 요셉과 마리아는 헤롯 왕이 아기 예수를 죽일 것이라는 무서운 얘기를 듣고 베들레헴을 떠나 이집트로 도망갔어요.

도망을 가던 중 날이 저물기 시작했을 때 예수의 가족은 떠돌이 민족이 사는 마을을 지나가게 되었어요. 배도 고프고 지친 예수의 부모가 어느 집으로 찾아가 부탁했어요.

"날도 저물고 지쳤는데 댁에서 하룻밤만 재워 주세요."

하지만 그 마을의 어떤 집에서도 예수의 가족을 받아 주지 않았어요. 예수의 가족은 결국 마을에서 쫓겨나 밤새도록 황량하고 어두운 사막을 떠돌았어요. 그 일로 하느님이 노하여 그 마을 사람들에게 벌을 내렸어요. 그들이 어느 곳에도 정착하지 못한 채 떠돌아다니도록 한 것이었지요.

1418년 무렵, 중세 유럽 인들은 기독교 신앙이 강했어요. 특히 아우크스부르크 사람들은 예수의 가족을 박대했다는 떠돌이 민족의 이야기를 그대로 믿었어요. 그래서 똘똘 뭉쳐 그들을 싫어했던 거예요. 결국 떠돌이 민족은 마을을 떠나 먼 곳으로 옮겨 가야만 했답니다.

그 후 그 떠돌이 민족은 '이집트'에서 온 사람들이란 뜻으로 '이집션'이라 불렸고, 차츰 '집션', '집시'로 이름이 변했어요.

하지만 떠돌이 민족에 대한 이야기는 지역마다 다르게 전해지고 있어요. 예를 들면 에스파냐 사람들은 그 떠돌이 민족이 벨기에의 플라망 지역에서 온 것으로 여겼어요. 그래서 에스파냐 어로 '플라멩코 flamenco'는 집시들의 음악과 춤을 뜻해요. 또 '플라밍고 새'로 불리는 홍학이 있는데, 플라멩코 춤을 추는 여자처럼 자태를 뽐낸다고 해서 그런 이름을 얻었다고 해요. 하지만 실제 벨기에의 플라망 사람들은 춤을 못 추는 것으로 유명하답니다. 그러니까 에스파냐 사람들의 생각이 꼭 맞는 건 아니라는 이야기겠죠?

프랑스 사람들은 떠돌이 민족이 체코에서 왔다고 믿었어요. 따라서 그 집시들을 체코의 옛 이름을 따 보헤미아 사람이란 뜻의 '보헤미안'이라고 불렀지요.

19세기 프랑스에서는 가난한 소설가 앙리 무르제가 예술가들이 핍박당해 집시처럼 살 수밖에 없다는 뜻을 담은 『보헤미안 식 삶의 장면들』을 펴냈어요. 이 소설에 감동한 이탈리아의 푸치니가 「라보엠」이라는 오페라를 발표했지요. 당시 오페라는 패션이나 유행어 등을 주도했는데 여기에서 '보헤미안'은 '자유분방한 삶을 사는 파리의 예술가'를 뜻하게 되었다고 해요.

#폭스, 바겐 Folks, Wagon

폭스바겐은 독일의 민속 달구지

　세계적인 자동차 회사가 많은 독일에는 '폭스바겐volkswagen'이라는 자동차 회사가 있어요. 폭스바겐은 '민속 달구지'라는 뜻이에요. 민속을 뜻하는 volks는 영어로 '포크folk'라고 하는데 『백설공주』, 『개구리 왕자』, 『헨젤과 그레텔』 동화를 쓴 독일의 '그림Grimm' 형제 덕분에 이 말이 널리 쓰이게 됐어요. 어떻게 해서 그림 형제의 동화가 세계적인 자동차의 이름에 영향을 주었을까요?

　그림 형제가 활약할 무렵, 독일인들은 끔찍한 나날을 보내고 있었어요. 이웃 나라인 프랑스와 오스트리아가 하필이면 독일 영토에서 전쟁을 했기 때문이지요. 당시 독일은 통일 국가가 아닌 200개가 넘는

신화 & 과학 | 43

자치 국가로 조각조각 나뉘어 있었어요. 그 시대의 문화를 이끄는 지식인 층은 프랑스 어나 이탈리아 어를 사용하고 독일어를 사용하지 않았기 때문에 공통된 문화도 형성되지 못했어요. 그래서 오스트리아와 프랑스 군이 쳐들어와 서로 전쟁을 치르고 어느 자치 국가를 마구 무너뜨리더라도 복수할 힘조차 없었지요.

시련을 겪던 독일의 지도자들은 하나로 뭉쳐 강한 국가를 만들자고 호소했어요. 당시 학생이었던 그림 형제는 그런 지식인들의 외침에 영향을 받았어요.

그림 형제는 대학을 다닐 때 요한 고트프리트 헤르더라는 철학자의 책을 읽은 적이 있었어요. 헤르더는 한 나라를 만드는 것은 몇몇 귀족이 아니라 시골 사람들의 소박한 삶 속에서 나온 춤과 노래, 할머니가 들려주던 옛날이야기, 집을 손수 지을 줄 아는 농민들의 실용적 지혜와 같은 문화에서 비롯된다고 주장했어요.

당시 독일의 농민들은 함께 살아가는 마을 사람들을 '포크volk'라고 불렀어요. 헤르더는 "작은 포크끼리 같은 문화로 묶다 보면 분명 모든 독일인은 같은 '포크'이다."라면서 "우리가 프랑스 센 강에서 시작된 지저분한 똥물을 언제까지 마실 것인가? 독일 민족이여, 제발 독일어를 써라!"라고 말했지요.

헤르더의 책을 통해 큰 감명을 받은 그림 형제는 중대한 결심을 했어요. 그것은 대대로 전해지는 옛날이야기들을 모으고 정리해 책으로 내는 것이었지요. 그때부터 그림 형제는 시골 마을을 돌며 노인들로부터 옛날이야기를 듣고 기록해 정리했어요. 그 결과 『백설공주』, 『라푼젤』, 『개구리 왕자』 같은 이야기가 책으로 나올 수 있었고, 오늘날까지 전 세계 어린이들에게 큰 사랑을 받게 된 거예요.

그림 형제는 이 이야기들을 독일 '포크volk'들이 '말하는 텔tell,' 이야기라고 해서 '민속 동화', 즉 '포크 테일folk tale'이라고 했어요. 포크 테일은 그림 형제의 소망대로 독일 민족정신의 기본이 되었으며, 그 뒤 독일이 하나가 되는 데 도움을 주었답니다.

세월이 흘러 19세기 무렵이었어요. 철학자 헤르더와 그림 형제의 영향을 받은 사람 중에는 독재자 히틀러도 있었어요. 히틀러는 독일 민족의 자존심을 되찾자며 끔찍한 제2차 세계 대전을 일으켰어요. 그리고 그는 시골에서 소박한 달구지를 만들던 정신으로 독일 산업을 새롭게 발전시킬 수 있다며 싸고 실용적인 자동차를 만들어 민속 달구지, 즉 '폭스바겐volkswagen'이라 이름 지었지요.

여기서 '포크folk'는 '민속', '민족' 외에도 '마을 사람', '핏줄', '군대' 등 여러 의미를 가지고 있답니다.

#버그 Bug

기계 속의 말썽꾸러기, 버그

우리가 쓰는 컴퓨터 용어 중에 '버그bug'라는 게 있어요. 컴퓨터로 게임을 하거나 인터넷 서핑을 하는 도중 갑자기 프로그램이 멈출 때 버그가 났다고 말하지요. 그런데 이 말은 근래에 생긴 것이 아니라 컴퓨터가 발명되기 전인 19세기 후반에 발명왕 에디슨이 처음 사용했던 말이에요.

에디슨이 새 발명품을 만들어 실험을 하고 있을 때였어요. 잘 돌아가던 기계가 갑자기 멈추었어요. 에디슨은 기계가 설계도대로 만들어졌는지 구석구석 점검한 뒤 다시 작동해 봤지만 기계는 움직이지 않았어요.

'왜 고장이 났는지 원인을 모르겠군. 차라리 기계를 뜯어서 처음부터 다시 점검해 봐야겠어.'

에디슨은 기계를 모두 분해한 뒤에야 전기 회로 안에 웬 벌레가 기어 다니며 고장을 일으켰다는 걸 발견할 수 있었어요. 벌레를 없애고 전기 회로를 다시 만들어 조립했더니 정상적으로 작동하게 되었지요.

에디슨은 1878년, 다른 과학자들에게 그 일을 겪고 얻게 된 교훈을 편지로 적어 보냈어요.

……내 발명품은 모두 이처럼 힘들게 완성되었다오. 처음엔 폭발적인 아이디어에 힘입어 일이 시작되었으나 그다음 단계에서는 몇 달 동안 수십 번의 실험을 해 가면서 조그마한 '버그'들을 모조리 잡아내야 했던 것이오. 발명품을 상업적으로 성공시키려면 무수한 실험과 점검을 통해 연구하는 노력이 필요하다고 생각합니다.

이 편지에서 말한 '버그'는 실제의 벌레를 뜻하는 건 아니었어요. 작은 벌레 한 마리가 부품 속으로 들어가 엉뚱한 고장을 내는 것처럼 상상하지도 못한 작은 결함들을 '버그'라고 표현했던 것이지요.

본래 버그란 웨일스 어로 '허수아비'라는 말이었어요. 웨일스 사람들은 말썽꾸러기 아이들을 혼내 줄 때 "말 안 들으면 허수아비가 잡아간다!"며 겁을 줬대요. 이런 말이 유행하자 버그라는 말은 '밤에 아이들을 납치해 가는 괴물'이라는 뜻으로 바뀌었어요.

그때는 아이들이 어른들의 이야기를 무엇이든 철석같이 믿던 시대였어요. 부모님이 "널 잡으러 버그가 온다!"고 말하면 사실인 줄 알고 겁에 질려 잠도 제대로 못 잤답니다. 그러다 보니 버그는 '잠을 못 자게 할 만큼 무섭고 꺼림칙한 것'이라는 뜻으로 또 한 번 변했어요.

과거 유럽 인들은 침대를 만들 때 지푸라기와 솜을 대강 비벼 넣어 매트리스를 만들었어요. 침대 안은 벌레들이 살기 좋은 환경이 되었지요. 특히 노린재라는 고약한 벌레는 침대 속에 살면서 자고 있는 사람을 물곤 했어요. 노린재에 물린 사람은 간지러운 데다 살갗이 부어올라 잠을 설치기 일쑤였지요. 그래서 노린재를 잠자리를 설치게 하는 꺼림칙한 것이라는 뜻에서 '베드버그bedbug'라고 불렀어요.

그 뒤 '버그bug'라는 단어는 노린재뿐만 아니라 '모든 벌레'를 뜻하게 되었대요.

#로봇 Robot

체코의 노비와 인조인간

미래 사회를 이끌어 갈 첨단 기술 중 하나가 바로 '로봇robot'이에요. 오늘날 로봇은 인조인간이라는 뜻으로 쓰이고 있어요. 로봇은 첨단 기술 용어이지만 근래에 새로 생긴 것이 아니라 중세 때부터 쓰던 말이에요. 로봇이라는 단어는 어떻게 해서 생겨났을까요?

프랑스와 오스트리아는 중세 유럽에서 가장 강하고 부유한 나라였어요. 유럽 국가의 왕들은 로마가 멸망한 이후에도 강한 나라를 만들어 자기 나라가 로마 제국의 정통 후예라고 뽐내고 싶어 했어요. 당시 오스트리아는 오스트리아 왕이 '로마 제국의 황제'라는 직함을 공식적으로 인정받을 정도로 강성했어요.

그런데 옛날부터 강대국 사이에 끼어 있는 나라는 피해를 보곤 했어요. 오스트리아와 붙어 있는 체코도 마찬가지였어요. 오스트리아는 체코를 정복하고 땅을 멋대로 나눠 가진 뒤 원래 그곳에 살던 체코 인들을 농사일에 마구 부려 먹었어요.

많은 체코 인이 조상 대대로 내려온 자신의 땅에서 열심히 농사를 지어 수확물을 오스트리아 인 주인에게 고스란히 바치고 굶어야 하는 처지에 놓였어요. 그들은 여행이나 이사도 마음대로 할 수 없었어요. 결혼하거나 사업을 시작할 때에도 오스트리아 인 주인에게 많은 세금을 바쳐야만 허락을 받을 수 있었지요. 오스트리아 인의 노예와 다름없는 생활을 했던 체코 인들은 나라의 아버지라 할 수 있는 왕이 없기 때문에 자신들이 돌봐 줄 사람 없는 고아처럼 서럽게 산다고 생각해 스스로를 '고아'라고 불렀대요.

체코 인들은 아버지가 없어서 이리저리 팔려 다니는 고아를 '라보타 rabota'라고 했어요. 이 말에서 중세 체코 어로 '노비'를 뜻하는 '로봇 robot'이라는 단어가 생겼어요.

'로봇'이 영어로 '기계 인간'이라는 뜻으로 쓰이게 된 것은 한 인기 연극 때문이래요. 1920년, 카렐 차페크라는 체코 출신 공상 과학 극작가가 멀지 않은 미래에 사람과 똑같은 인조인간이 개발돼 이들을 노예로 부릴 수 있게 될 거라는 연극 대본을 썼어요.

극중 인물인 로섬은 생물학자인데 생체 세포로 여러 실험을 하다가 인간의 명령을 고분고분 잘 듣는 인조인간을 만들었어요. 처음에는 사람이 해야 할 온갖 더럽고 힘든 일을 인조인간에게 다 맡길 수 있어 사람들은 편하게 살 수 있었지요. 그런데 점차 인조인간이 사람보다 더 똑똑해져서 반란을 일으키고 오히려 사람이 인조인간의 노예가 된다는 이야기였어요.

체코 인이었던 차페크는 '인조 노예'를 체코 어로 '노비'를 뜻하는 '로봇'이라고 불렀어요. 이 연극은 유럽에 이어 미국에서도 큰 인기를 끌었는데, 그때 '로봇robot'이라는 단어가 널리 퍼졌고 영어로 '인조인간'을 뜻하게 되었어요.

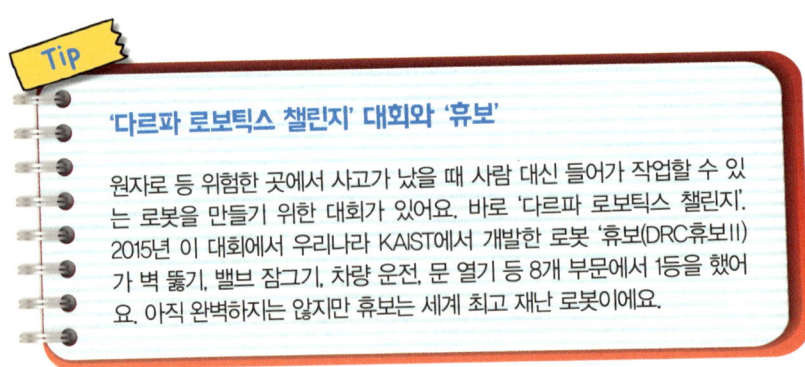

'다르파 로보틱스 챌린지' 대회와 '휴보'

원자로 등 위험한 곳에서 사고가 났을 때 사람 대신 들어가 작업할 수 있는 로봇을 만들기 위한 대회가 있어요. 바로 '다르파 로보틱스 챌린지'. 2015년 이 대회에서 우리나라 KAIST에서 개발한 로봇 '휴보(DRC휴보II)'가 벽 뚫기, 밸브 잠그기, 차량 운전, 문 열기 등 8개 부문에서 1등을 했어요. 아직 완벽하지는 않지만 휴보는 세계 최고 재난 로봇이에요.

로봇 알파

#아이콘 Icon
순교자의 초상화와 아이콘

컴퓨터를 사용할 때 '아이콘icon'을 클릭하죠? 아이콘이라는 말은 사실 그리스 신화에 나오는 메두사와 깊은 관련이 있어요.

먼 옛날 지혜와 정조의 여신인 미네르바의 신전에서 해괴한 일이 벌어졌어요. 바다의 신 넵투누스가 무척 아름다운 머릿결을 가진 '메두사Medusa'라는 미녀와 신성한 신전에서 사랑을 나눴던 거예요. 이에 여신 미네르바는 매우 분노했어요.

"저것들이 감히 내 신전에서 몹쓸 짓을 하다니 가만두지 않겠어."

미네르바는 메두사의 아름다운 머리카락을 모두 뱀으로 바꾸고 얼굴도 흉측하게 만들어 버렸어요. 더구나 메두사를 쳐다보는 사람은 모두 돌로 변하게 하는 저주를 내렸어요.

그 무렵, 한 어촌 마을에 페르세우스라는 잘생기고 건장한 청년이 살고 있었어요. 그런데 그곳의 왕이 빼어난 미인이었던 청년의 어머니를 차지하기 위해 이 청년을 없애려고 했어요. 왕은 모든 주민에게 말 한 마리씩을 자신에게 바치라고 명령했는데, 가난한 청년은 그렇게 할 수 없었지요. 청년이 대신 무엇이든 할 테니 봐 달라고 사정하자 왕이 말했어요.

"메두사의 머리를 베어 오면 살려 주겠다."

어머니를 지키기 위해 메두사를 찾아 떠난 청년은 다행히 메두사보다 미네르바를 먼저 만나게 되었어요. 미네르바는 잘생긴 페르세우스가 죽게 되는 걸 안타깝게 여겼어요. 그래서 거울처럼 빛나는 황금 방패와 칼을 페르세우스에게 주면서 말했어요.

"메두사에게 다가갈 때 이 방패로 네 얼굴을 가려라."

드디어 메두사와 마주한 페르세우스는 황금 방패로 얼굴을 가렸어요. 그러자 메두사는 방패에 비친 자신의 모습을 보고 오히려 놀라 돌로 변했지요. 페르세우스는 이 순간을 놓치지 않고 미네르바가 준 칼을 가지고 돌로 변한 메두사의 머리를 베었어요. 그때 메두사의 잘린 상처에서 날개 달린 말인 페가수스가 튀어나왔어요. 이후 페가수스는 페르세우스의 말이 되어 평생 페르세우스를 태우고 다녔답니다.

메두사를 물리친 페르세우스는 지금의 터키 중심부에 있는 한 마을로 갔어요. 당시 그 마을에는 메두사를 죽인 영웅인 페르세우스에 대한 소문이 자자했대요. 마을 사람들은 만약 다른 마을의 침략을 받더라도 메두사의 머리를 보여 주면 적군이 모두 돌로 변해 금세 승리할 것으로 믿고 페르세우스를 왕으로 모셨어요. 그리고 '우리 마을은 메두사가 보호하는 곳이니 함부로 넘보지 마라.'는 뜻으로 집집마다 메두사의 얼굴을 조각해 귀퉁이에 걸어 놓았어요.

사람들은 메두사의 모습을 새겨 넣은 조각들을 '아이콘'이라고 불렀어요. 아이콘은 영어로 '비슷하다'는 뜻의 '라이크like'와 같은 어원을 가지고 있어요. 따라서 아이콘이란 말은 본래 '메두사와 비슷하게 생긴 그림'이라는 뜻이에요.

고대에는 그 마을을 '아이콘이 있는 동네'라 해서 '이코니움Iconium'이라고 불렀어요. 이코니움은 오늘날 '코니아'라고 불리는 유명한 관광 도시로 발전했어요.

그 후 로마 제국이 유럽을 지배하고 있을 때 아이콘이란 단어는 '자기를 지켜 주는 신의 그림', 즉 '수호자의 얼굴이 그려져 있는 부적'을 뜻하게 되었어요.

기독교는 고대 로마 시대에 처음으로 유럽에 전해졌어요. 당시 로마 제국에서는 유피테르의 상을 만들어 섬기고 있었지요. 그런데 기독교인들은 우상숭배를 해선 안 된다며 유피테르를 섬기지 않았어요. 로마 정부는 종교가 다른 기독교인들을 찾아내 잔인한 방법으로 죽이고 탄압했어요.

그러자 기독교인들은 로마 정부의 핍박을 받아 숨진 순교자들을 기리는 뜻으로 순교자의 얼굴을 일일이 작은 초상화로 그려서 메달처럼 만들어 걸고 다녔어요. 그리고 교회에 '아이콘의 벽'을 만들어 유명한 순교자들의 초상화를 수도 없이 다닥다닥 붙여 놓았지요. 이 순교자들의 작은 초상화도 아이콘이라고 불렀어요.

오랜 세월이 지나 컴퓨터를 개발한 공학도들은 컴퓨터 초기 화면에 조그마한 그림을 깔아 놓고 그림과 연관된 프로그램을 연결시켜 놓았어요. 그래서 그 그림을 클릭하면 프로그램이 뜨게 했지요. 개발자들은 그런 그림들에 이름을 지어 주려고 고민했어요.

그때 '아이콘의 벽'에서 힌트를 얻어 그림들의 이름을 아이콘으로 짓게 되었어요. 그래서 오늘날까지 컴퓨터 초기 화면에 떠 있는 작은 그림을 '아이콘'이라고 부르게 되었대요.

조승연이 들려주는 재미있는 인문학
문화 & 예술

Animation

Classic

Carmen, Charming

Avatar

Kitsch

Museum

Rolling stone

Persona

Humanity

#애니메이션 Animation
무생물이 살아 숨 쉬는 애니메이션

우리가 즐겨 보는 만화에는 여러 종류가 있어요. 영화나 소설처럼 줄거리를 가진 만화, 신문이나 잡지 등에 실리는 시사만평, 그리고 주인공들이 살아 움직이는 것처럼 보이는 만화 영화 등이지요. 이 중 만화 영화를 흔히 '애니메이션animation'이라고 해요. '애니메이션animation'은 '동물을 뜻하는 '애니멀animal'에서 유래하여 만들어진 단어예요.

먼 옛날 그리스의 유명한 철학자 아리스토텔레스가 『영혼에 관하여 De Anima』라는 책을 펴냈어요. 그 책은 '영혼이 있는지 없는지 어떻게 알 수 있는가'라는 주제를 다루고 있어요. 아리스토텔레스는 이 세상의 모든 사물 중 '생명이 있는 것'이란 아이를 낳을 수 있는 것이라고 했어요. 동물뿐만 아니라 나무나 풀도 번식할 수 있기 때문에 생명이 있는 것이라고 할 수 있지요. 또 동물은 스스로 주변 환경을 살피고 위험한 곳을 피하며, 냄새를 맡을 수 있기 때문에 영혼이 있다고 주장했어요.

그러나 식물은 생명은 있지만 스스로 움직일 수 없고 어떤 감각이나 생각을 행동으로 옮기지 못하기 때문에 영혼이 없다고 보았어요. 이런 이론에 따르면 영혼은 '스스로 무엇인가를 선택하고 행동하는 것'을 말해요. 그리하여 영혼, 즉 '아니마anima'가 있어 스스로 움직이는 생명체를 '애니멀animal'이라고 불렀어요.

애니메이션의 원래 뜻은 '죽은 물체에 생명을 불어넣어 움직이게 만드는 마법'이었다고 해요. 우리는 마법사가 주문을 외우면 나무나 돌이 갑자기 괴물로 변하는 판타지 영화를 볼 때가 있어요. 그런 장면처럼 나무나 무생물이 생명을 가진 것처럼 움직이도록 만드는 것을 애니메이션이라고 했지요.

그 뒤 애니메이션이 오늘날처럼 만화 영화를 가리키게 된 것은 19세기 무렵이었어요. 당시 미국의 발명가들은 만화 속의 주인공들을 살아 움직이는 것처럼 만들면 큰 인기를 끌 수 있을 것이라고 예상하고 그 방법을 연구했어요.

그러다가 차츰 기술이 발전함에 따라 그 상상은 현실로 옮겨지기 시작했어요. 그것은 캐릭터를 셀룰로이드에 옮겨 그리기 시작하면서 가능해졌지요. 이런 기술을 일컬어 '셀룰로이드 애니메이션 테크닉 Celluloid Animation Technique', 줄여서 '셀 애니메이션'이라고 했지요. 장면이 바뀔 때마다 움직이는 동작을 수십 장으로 나눠 그려 영화 필름처럼 빠르게 돌리면 캐릭터들이 살아 있는 것처럼 보였지요. 거기에 음향까지 넣으면 주인공이 웃고 울며, 말하고 소리 지르는 등 영화와 다름없는 장면이 만들어졌어요.

이와 같은 셀 애니메이션 기법은 제2차 세계 대전이 끝난 뒤 일본에도 전해졌어요. 제2차 세계 대전 때 일본은 미국을 비롯한 연합국에 크게 패배하고 항복을 했어요. 그때부터 미군이 일본에 주둔하게 되면서 애니매이션을 비롯한 미국의 문물이 홍수처럼 전해지게 되었어요.

그 무렵 일본에서는 데즈카 오사무가 만화가로 인기를 끌고 있었어요. 그는 미국의 월트 디즈니에서 만든 만화 영화를 보고 깊은 인상을 받아 만화 영화를 만들어 보고 싶어 했어요. 그러나 1초에 수십 장이나 되는 그림을 그리려면 돈이 너무 많이 들어간다는 문제에 부덮혔지요.

 데즈카 오사무는 고심한 끝에 그림의 수를 줄이면서 싼값으로 만들 수 있는 일본식 만화 영화를 개발했어요. 그 뒤 일본의 만화 영화는 급속히 발달해 전 세계의 만화 영화를 이끌게 되었어요. 현재 일본을 만화 영화의 왕국이라 부르는 데는 데즈카 오사무의 역할이 매우 크답니다. 그래서 오늘날 그는 '일본 만화 영화의 아버지'로 불린대요. 데즈카 오사무가 일본식 만화 영화를 개발하면서 '셀 애니메이션 테크닉'이라는 용어도 간단히 '아니메'로 부르게 되었어요. 지금도 아니메라고 하면 '일본 만화 영화'를 뜻하는 단어로 쓰이고 있어요.

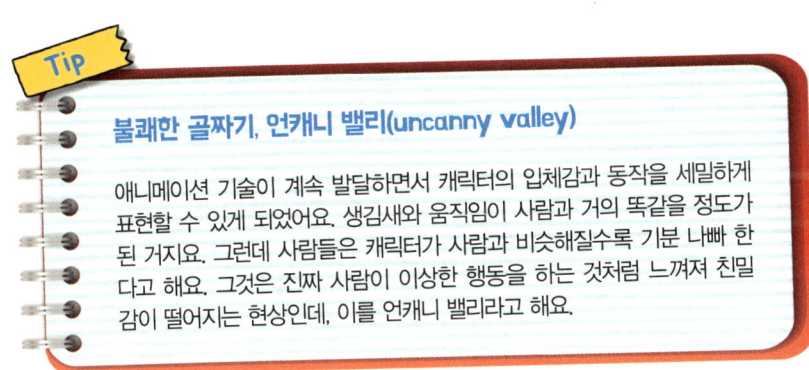

불쾌한 골짜기, 언캐니 밸리(uncanny valley)

애니메이션 기술이 계속 발달하면서 캐릭터의 입체감과 동작을 세밀하게 표현할 수 있게 되었어요. 생김새와 움직임이 사람과 거의 똑같을 정도가 된 거지요. 그런데 사람들은 캐릭터가 사람과 비슷해질수록 기분 나빠 한다고 해요. 그것은 진짜 사람이 이상한 행동을 하는 것처럼 느껴져 친밀감이 떨어지는 현상인데, 이를 언캐니 밸리라고 해요.

#클래식 Classic
귀족들의 음악, 클래식

요즘 우리나라 청년들은 군대 생활을 2년 동안 하지만 로마 시대의 남자들은 자그마치 20년이나 했어요. 그런데 로마 시대의 권력가나 부잣집 아들들은 병역 의무가 면제되지는 않았지만 군대에 가더라도 수많은 특혜를 누릴 수가 있었어요.

예를 들어 아버지가 상원 의원이면 훈련이나 전투 경력이 손톱만큼도 없을지라도 곧바로 장군으로 입대할 수 있었어요. 거기에 장군은 가족뿐만 아니라 하인까지도 부대로 데려갈 수 있었지요. 또한 장군은 직접 전쟁터에 나가지 않고도 자신이 속한 부대가 승리하면 그 모든 영광을 혼자 독차지했어요. 군대에 갈 나이가 된 로마 시대의 부잣집 아들들 사이에서는 멋진 장군 옷을 맞춰 입는 것이 유행이었고, 때로는 엄마와 함께 말과 캠핑 장비를 사러 다녔대요.

반면 가난한 집에서 태어난 청년들은 어땠을까요? 그들은 군대에 사병으로 들어가 20년 동안 사병으로 지내야 했어요. 가장 계급이 낮은 이등병으로 들어가 20년 내내 이등병으로 병역의 의무를 마쳤던 것이지요. 그러다 보니 군대 생활을 오래 한 서른 살 이등병이 열여덟 살 어린 장교에게 얻어맞기 일쑤였어요.

세르비우스 툴리우스가 로마의 6대 왕이던 시기였어요. 세르비우스 왕은 부자나 상원 의원들이 군대에 가는 아들을 더 높은 자리에 앉히려고 지위를 내세우고 뇌물을 바치는 것을 보고 신분 제도를 바꾸기로 결심했어요.

세르비우스 왕은 로마 인의 신분을 재산 정도에 따라 다섯 등급으로 나누었어요. 동화 10만 냥이 넘는 부자인 1급에서부터 동화 1만 냥을 가진 5급까지로 구분한 것이지요. 등급에 따라 입대하는 청년들의 계급을 미리 정해 부모들이 계급을 바꿀 수 없도록 한 것이에요. 그런데 5급에 속하는 동화 1만 냥은 지금으로 치면 뉴욕에 빌딩 한 채를 살 수 있는 큰돈이었어요. 다시 말해 로마 시대에는 그 정도 돈이 없는 사람은 아예 5계급 안에 들지 못했고, 군대에서도 인간 대접을 받지 못한 거예요.

　세르비우스 왕은 5계급 안에 들지 못한 가난한 로마 시민들이 '우리는 사람도 아니냐?'라며 들고일어날 것이 두려웠어요. 그래서 가난한 시민들에게 '자식 부자'라는 뜻을 가진 새로운 계급의 이름을 지어 주었어요.

　라틴 어로 '자식'은 '프롤레스proles'였어요. 그리하여 자식 부자는 '프롤레타리proletarii'라고 했으며, 이 말에서 유래해 오늘날에도 공장 노동자 등 서민층을 '프롤레타리아proletariat'라고 한답니다.

　우리나라에서는 군대에 갈 청년들에게 한 달 전부터 미리 통지서를 보내 준비를 하게 해요. 하지만 로마 시대에는 그런 제도가 없었어요. 어느 날 갑자기 마을에 병무청 직원이 나타나 "아무개 어디 있느냐?" 하고 소리를 질렀어요. 자기 이름을 들은 청년이 뛰어오면 "어서 군대에 가자."며 바로 부대로 데려갔대요.

　그처럼 군대에 갈 사람 명단을 '사람을 부르는', 다시 말해 '콜call'하는 명단이라고 해서 라틴 어로 '소리치다'는 뜻의 '칼라레calare' → '클라수스classus'라고 했어요. 이 명단에는 군대 갈 청년의 이름이 계급 순으로 적혀 있었어요. 그 순서는 부모의 재산이 얼마나 되느냐에 따라 결정된 것이지요. 그런 이유로 '클래스class'는 '사회 계급'을 뜻하는 말로 변해 갔어요.

그 결과 로마 인의 후예들, 그러니까 유럽 인들은 세상의 모든 것에 계급을 만들고 엄하게 차별해 왔어요. 예를 들어 학교에서 선배와 후배는 서로 '계급'이 다르다고 해서 같은 학년끼리 묶어 '클래스class'라고 불렀어요. 선배는 후배를 심하게 차별했는데 마치 귀족이 평민을 대하듯 무시했다고 해요. 선배와 후배는 같은 방에서 수업을 받을 수도 없다 하여 '클래스룸classroom'을 만들어 서로 다른 방에서 교육을 받았어요.

이런 전통 때문에 음악, 영화 등의 예술 분야에서도 철저히 '급'이 나눠졌답니다.

로마 시대 하층민인 '프롤레타리아'는 5계급에 낄 수 있었던 상류층 사람들을 '클라시쿠스classicus'라고 불렀어요. 이 말이 유래되어 로마의 상류층이 즐기던 『플루타르크 영웅전』 같은 책을 클라시쿠스가 읽는 책이라는 의미로 '클래식classic'이라고 했어요.

오늘날에도 클래식은 '고전 서적'을 가리켜요. 특히 그리스·로마 시대의 귀족들이 쓰고 읽은 책들을 고전 서적이라 했어요. 미술과 음악도 마찬가지여서 왕이나 귀족을 위해 작곡된 음악을 '천박한' 대중음악과 구분했어요. 그래서 '클라시쿠스들의 음악'이란 뜻으로 클래식 음악이란 용어가 생겨났답니다.

　미술에서 쓰는 '고전주의'나 '클래식한 스타일'이라는 말도 옛날 그리스·로마 귀족들의 옷이나 집의 분위기, 아이디어를 표현한 것을 말하는 것이었어요.

　오늘날에도 유럽의 상류층들은 상류층끼리만 즐길 수 있는 수준 높은 작품이나 음악, 패션을 찾고 있어요. 이렇게 된 것도 '클래식'과 '대중' 예술을 철저히 나누던 전통에서 비롯되었어요. 급을 나누는 것에 길들여진 유럽 사람들에게 '평범하다'는 말은 거의 욕에 가까운 말이었답니다.

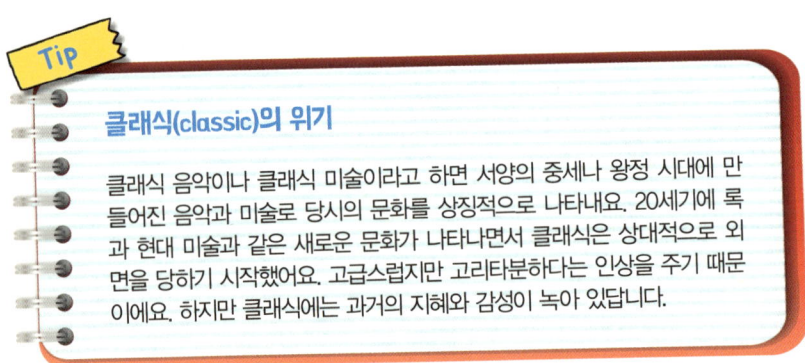

클래식(classic)의 위기

클래식 음악이나 클래식 미술이라고 하면 서양의 중세나 왕정 시대에 만들어진 음악과 미술로 당시의 문화를 상징적으로 나타내요. 20세기에 록과 현대 미술과 같은 새로운 문화가 나타나면서 클래식은 상대적으로 외면을 당하기 시작했어요. 고급스럽지만 고리타분하다는 인상을 주기 때문이에요. 하지만 클래식에는 과거의 지혜와 감성이 녹아 있답니다.

#카르멘, 차밍
Carmen, Charming
노래에서 나오는 매력

  먼 옛날 로마에 카툴루스라는 시인이 살았어요. 그는 레스비아라는 여인을 사랑했어요. 하지만 레스비아는 이미 다른 남자와 결혼한 유부녀였답니다. 게다가 시인 카툴루스 말고도 수많은 남자가 그녀를 짝사랑하고 있었지요. 레스비아는 마음이 내킬 때만 카툴루스를 가끔 만나 주었대요.

  카툴루스는 레스비아의 관심을 얻기 위해 수많은 시를 써서 보냈는데 그중 「쇠사슬」이라는 시에는 어떤 일을 저질러도 사랑할 수밖에 없는 사랑의 고통이 절절하게 나타나 있대요. 아마도 레스비아는 엄청 매력적인 여인이었을 것 같지요?

그렇다면 당시 매력 있는 여자의 조건은 무엇이었을까요?

그 무렵, 로마 남자들은 예쁜 얼굴보다 아름다운 목소리를 가장 큰 매력으로 여겼어요. 아름다운 여자의 목소리는 남자의 마음을 사로잡는 쇠사슬과 같다고 생각했지요.

카툴루스와 비슷한 시기에 활동하던 작가 오비디우스는 『사랑의 기술Ars Amatoria』이라는 책 2권을 펴냈어요. 남녀 사이에 연애하는 방법을 적어 놓은 책인데 나오자마자 폭발적인 베스트셀러가 되었지요. 오비디우스는 뜻밖의 반응에 놀라면서 '여자들을 위한 연애'를 주제로 한 『사랑의 기술』 3권도 펴냈어요.

『사랑의 기술』 3권에서 오비디우스는 여자들이 마음에 드는 남자를 차지하려면 우선 노래 연습을 열심히 하라고 권하고 있어요.

'여인들이여, 아름다운 목소리야말로 우아함의 극치라오. 그러니 노래를 열심히 배워야 합니다. 그대의 아름다운 얼굴로도 얻을 수 없는 남자를 아름다운 목소리로는 얻을 수 있다오.'

로마 여자들은 오비디우스의 주장대로 아름다운 목소리를 가지려고 노력했어요.

라틴 어로 '카르멘carmen'은 '노래를 부르다'라는 뜻이에요. 이 말이 프랑스를 거쳐 미국에 가서는 '매력적이다'라는 뜻을 가진 '차밍

charming'으로 바뀌었어요. 'carmen'과 'charming'은 모두 '노래에서 나오는 매력'을 뜻하는 단어예요.

'카르멘'은 여자의 이름으로 아주 흔하게 쓰였어요.

서양 사람들은 대부분 당시 유행하던 영화, 문학 작품, 오페라의 캐릭터 등에서 이름을 따오는 경우가 많았는데, 「카르멘」이 프랑스에서 가장 많은 인기를 누리던 오페라의 제목이면서 주인공의 이름이었기 때문이지요.

오페라 「카르멘」은 어느 술집 안에서 수많은 군인들이 술을 마시는 장면으로 시작돼요. 그때 카르멘이라는 여자가 들어와 노래를 불러요.

"사랑은 반항심 강한 새와 같아서, 절대로 잡을 수 없고……."

오페라 역사상 가장 유명한 노래 중 하나인 이 노래를 듣고 군인들은 환호성을 질러요. 그러면서 자기들 중 한 사람을 선택해 달라며 아우성치지요. 여러 남자들을 둘러보던 카르멘이 돈 호세란 사람에게 꽃을 던져요.

이렇게 카르멘의 선택을 받은 호세는 그녀의 매력에 흠뻑 빠져 나중에는 목숨까지 잃게 된다는 것이 이 오페라의 줄거리예요.

18세기 무렵에 유행했던 성악곡인 「칸타타cantata」도 카르멘에서 비롯된 말이에요. 칸타타는 교회에서 성탄절처럼 특별한 날에 모든 사람이 화음을 맞추어 부르는 대성악곡을 말하지요. 카르멘은 시나 노래를 뜻하는 '칸토canto'와도 같은 뿌리를 가지고 있어요. 칸토는 여러 형태로 나눠지는데 그중 'cantionem'이란 단어가 있어요. 어떻게 읽느냐고요? 프랑스 사람들은 '샹송'이라 하며, 이탈리아 사람들은 '칸초네'라고 한답니다.

샹송이나 칸초네는 노래의 어떤 장르를 가리키는 것이 아니라 그냥 프랑스 어, 이탈리 어로 '노래' 자체를 의미해요. 그러니까 잘난 척하는 친구가 "나는 샹송을 좋아해."라고 하면, 그 말은 "노래를 좋아해."라는 뜻이라고 알려 줄 수 있겠죠?

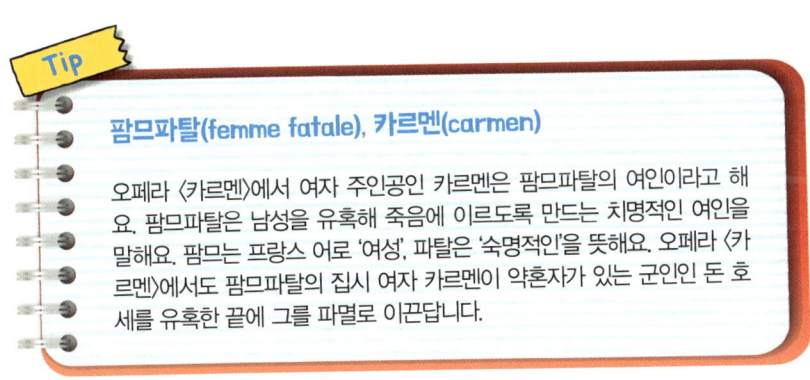

팜므파탈(femme fatale), 카르멘(carmen)

오페라 〈카르멘〉에서 여자 주인공인 카르멘은 팜므파탈의 여인이라고 해요. 팜므파탈은 남성을 유혹해 죽음에 이르도록 만드는 치명적인 여인을 말해요. 팜므는 프랑스 어로 '여성', 파탈은 '숙명적인'을 뜻해요. 오페라 〈카르멘〉에서도 팜므파탈의 집시 여자 카르멘이 약혼자가 있는 군인인 돈 호세를 유혹한 끝에 그를 파멸로 이끈답니다.

#페르소나 Persona
연극은 인생의 축소판

　요즘은 갈수록 자기만의 개성을 추구하는 시대가 되고 있어요. 원래 '개인' 또는 '사람'이라는 뜻의 '퍼슨person'과 개성을 뜻하는 '퍼스낼리티personality'는 '드라마 캐릭터'를 뜻하는 단어였어요.

　'백 번 듣는 것이 한 번 보는 것만 못하다(백문이 불여일견).'는 우리 속담처럼 고대 그리스 사람들도 '똑바로 살라고 설교하는 것보다 교훈적인 역사 속 이야기를 연극으로 직접 보여 주는 게 더 효과적이다.'라고 생각했어요. 그래서 연극을 통한 배움을 더 높이 평가했어요.

　그리스 사람들은 연극을 '드라마drama'라고 불렀는데, 이는 행동으로 옮겨 몸소 실천한다는 그리스어 '드란dran'에서 나왔대요. 따라서 드라마는 '직접 몸으로 보여 주는 교육'이란 뜻이라고 볼 수 있어요.

그리스는 일 년 내내 날씨가 좋았기 때문에 먼 옛날부터 언덕 위에 반원형의 계단을 갖춘, 커다란 야외극장을 지었어요. 최대한 많은 사람이 드라마를 볼 수 있도록 하기 위해서였지요. 이 극장을 드라마를 보러 가는 곳이란 뜻으로 '디어터theater'라고 했어요.

그런데 대형 극장을 짓고 보니 또 다른 문제가 생겼어요. 음향이나 조명 시설이 없어 맨 뒷자리의 관객은 배우들의 표정을 볼 수 없었고 대사도 들리지 않았던 것이지요.

그래서 당시의 배우들은 다양한 표정이 그려진 큰 가면을 준비해 두고 상황에 따라 바꿔 쓰며 무대에 올랐어요. 또 가면과 얼굴 사이에 큰 메가폰을 달아 배우의 목소리를 크게 들리도록 했어요. 로마인들은 이 가면을 '페르소나persona'라고 불렀어요. 그리고 사람들은 이 가면으로 캐릭터를 알아봤기 때문에 페르소나는 나중에 '등장인물'이나 '캐릭터'라는 뜻으로 발전했어요.

그런데 '퍼슨person'이란 단어는 왜 갑자기 드라마의 등장인물에서 '개인'을 뜻하는 단어로 변했을까요? 이는 영국 최고의 작가이며 극작가인 셰익스피어와 관계가 있어요.

16세기 후반, 셰익스피어가 활약할 당시 극장을 빌려서 공연을 하려면 돈이 많이 들었어요. 그걸 아깝게 생각한 셰익스피어는 동료 드라마 작가들과 함께 돈을 투자받아 아예 극장을 하나 세우기로 했답니다. 그러나 당시 오락을 목적으로 하는 일에 돈을 투자 받거나 정부로부터 건축 허가를 받기가 매우 힘들었어요.

극장을 지어 공연을 하는 것이 단지 오락만이 아닌 뭔가 뜻깊은 일이라는 것을 이해시키고 알릴 필요가 있었지요. 셰익스피어는 그리스·로마 시대의 여러 문헌을 뒤지기 시작했어요. 그리고 이런 글귀를 발견했어요.

'연극은 인생의 축소판이므로 여러 교훈을 얻을 수 있다.'

연극이 삶에서 얼마나 중요하고 의미가 있는지 근거를 찾고 자신감을 얻은 셰익스피어는 새 극장의 이름을 '지구'를 뜻하는 '더 글로브 The Globe'라 짓고 투자자들을 찾아 나섰어요.

극장 안에 들어오면 지구, 즉 이 세상의 축소판을 볼 수 있다는 뜻이지요. 그리고 극장 문 위에는 '세상의 모든 사람들은 배우다.'라는 뜻의 글을 새겨 넣었어요.

이런 계획이 맞아떨어져 셰익스피어는 정부 관리들의 허락을 받아 냈으며 더 글로브 극장은 성대하게 문을 열었어요. 그 뒤 셰익스피어의 작품이 이 극장에서 공연되면서 전 세계로 퍼져 나갔지요.

셰익스피어는 연극의 중요성을 알리기 위해 수많은 연극을 통해 '세상은 무대이고, 모든 사람은 캐릭터이다.'라는 대사를 반복했어요. 즉 연극처럼 이 세상도 여러 캐릭터가 주어진 역할을 하며 살아간다는 이야기지요.

그리하여 셰익스피어가 연달아 연극 공연에 성공하면서 연극배우가 쓰는 가면을 가리키던 '페르소나persona'란 단어는 진짜 사람을 뜻하는 '퍼슨'으로, 그 사람의 캐릭터, 그러니까 개성을 뜻하는 '퍼스낼리티'라는 단어로 발전했어요.

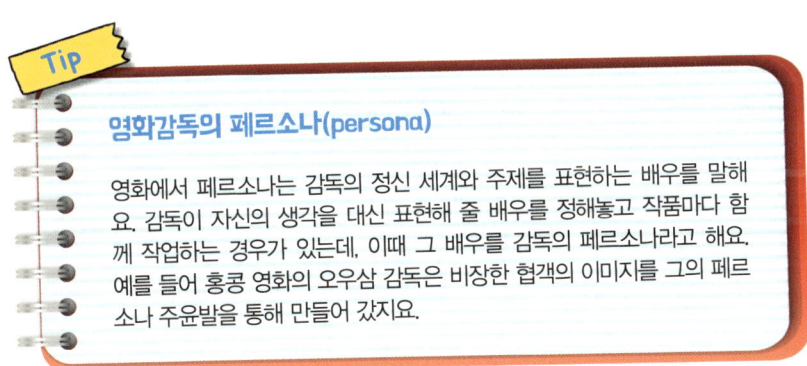

영화감독의 페르소나(persona)

영화에서 페르소나는 감독의 정신 세계와 주제를 표현하는 배우를 말해요. 감독이 자신의 생각을 대신 표현해 줄 배우를 정해놓고 작품마다 함께 작업하는 경우가 있는데, 이때 그 배우를 감독의 페르소나라고 해요. 예를 들어 홍콩 영화의 오우삼 감독은 비장한 협객의 이미지를 그의 페르소나 주윤발을 통해 만들어 갔지요.

#아바타 Avatar
가상 세계에서 나를 대신하는 아바타

몇 해 전 「아바타」라는 영화가 개봉되어 세계적인 흥행을 거뒀어요. 그 영화 속 주인공처럼 '아바타avatar'는 가상현실에서 자기를 대신하는 아이콘이나 3D 캐릭터를 일컫고 있어요.

오늘날 미국에서 IT의 메카로 일컬어지는 실리콘 밸리에는 세계적인 공학 천재들이 모여 있어요. 그렇게 된 데에는 스탠퍼드 대학이 큰 영향을 주었답니다.

수십 년 전 실리콘 밸리에서 태어나 자란 아이들은 재미있게 놀 곳이 거의 없어 매일 지루하게 지내야만 했어요. 그 아이들은 할 수 없이 집에서 멀지 않은 스탠퍼드 대학으로 놀러 가 대학생 형들의 실험

실이나 공개강좌가 열리는 강당을 기웃거리곤 했지요. 그러다가 차츰 형들의 심부름을 해 주기도 하면서 대학 도서관에 들어가 학생증이 없어도 빌릴 수 있는 고전을 읽으며 시간을 보냈어요.

더구나 아이들은 부모들이 워낙 바쁜 터라 잔소리를 들을 필요도 없었어요. 간섭하는 사람 없이 만화책을 비롯해 애니메이션, 흑인 음악, 로큰롤, 공상 과학이나 판타지 장르 소설 같은 것들을 실컷 즐기고 읽을 수 있었지요.

그렇게 자신들이 하고 싶은 것을 보고 즐기면서 무한한 상상력을 키울 수 있었던 실리콘 밸리의 아이들은 훗날 고등학교를 졸업하고 대학을 가거나 기술자가 되었어요. 그들은 어려서 시간을 때우려고 읽었던 고전, 만화책, 음악 등을 통해 키웠던 상상력으로 기발한 아이디어를 내기 시작했어요. 다시 말해 실리콘 밸리 아이들은 어려서부터 인문학의 기초를 잘 배우고 닦았던 셈이지요.

그들이 공학도가 되어 컴퓨터를 개발하게 되면서 인문학에 기반을 둔 여러 가지 컴퓨터 용어를 만들어 냈고, 그 용어들은 세계적으로 널리 퍼지게 되었답니다. '부팅booting', '아이콘icon', '아바타avatar' 등의 단어들을 예로 들 수 있어요.

이중 아바타는 인도의 신화에 유래를 두고 있어요.

인도는 한때 영국의 식민 통치를 받았어요. 하지만 인도는 본래 인류 문명 발상지 중 한 곳이었어요. 진귀한 향료와 보석이 많이 나왔고, 찬란한 문화 유적과 예술 작품이 많은 나라지요. 뿐만 아니라 영국보다 훨씬 앞선 수학과 과학 지식을 가진 나라였어요.

그러다 보니 영국인들은 인도를 '대영 제국이라는 왕관의 가장 빛나는 보석'이라고 치켜세우며 인도의 역사와 문화에 흠뻑 빠져들었지요. 인도인들은 자신들의 조상이 세계 4대 문명의 발상지 중 한 곳을 일궜다는 자부심을 가지고 있었어요. 그래서 인도인들은 영국인들이 만든 법을 따르지 않았어요.

이 때문에 두 나라 사이에 여러 번 충돌이 일어나곤 했어요. 그 결과 수많은 인도인이 죽거나 다쳤으며 폐허가 된 도시도 많았어요. 인도의 독립을 위해 마하트마 간디가 벌인 영국에 대한 불복종 운동, 비폭력 저항 운동도 이 때문이지요.

이처럼 두 나라 사이의 마찰이 심해지자 영국 정부는 인도의 전통과 문화를 잘 이해하고 있는 사람을 보내 평화롭게 인도를 다스리고자 했어요.

그리하여 윌리엄 존스가 인도의 대법원장으로 임명되었어요. 그는 고대 그리스 어, 라틴 어 등 13개 언어를 완벽하게 말할 수 있었고, 28개 언어를 번역할 수 있는 인물이었답니다. 윌리엄 존스는 인도의 문화부터 이해하려고 노력했어요. 이를 위해 인도의 신화를 제대로 읽기로 작정한 그는 저명한 인도 학자들을 불러 산스크리트 어를 배웠어요. 산스크리트 어는 인도의 고전어로 인도 신화를 읽기 위해 꼭 필요한 언어였기 때문이에요. 산스크리트 어를 공부하던 윌리엄은 산스크리트 어와 영어가 매우 닮았다는 것을 발견했어요.

인도의 신화에 의하면 고대 인도의 신들은 인간 사회가 썩었다고 여겨지면 사람의 모습으로 변신해 이 세상에 나타났대요. 그렇게 신이 변신한 인간을 '아바타라avatara'라고 불렀어요. '아바타라'는 '아래로'라는 '아바ava'와 '건너다'라는 '타라tara'를 합쳐서 생긴 말이지요. 여기서 타라는 '지나간다'는 영어 '스루through'와 매우 닮았어요.

윌리엄 존스는 산스크리트 어가 영어와 라틴 어의 공동 조상이 아닐까 연구를 시작했어요. 끈질긴 연구 끝에 그는 인도와 이란, 서유럽 사람들의 조상이 하나의 민족이라는 결론을 내렸어요. 한 민족이 각지로 퍼져 나가 서로 다른 민족으로 발전한 것처럼 영어나 라틴 어를 비롯한 유럽의 언어들도 다 같은 뿌리를 가진 언어라는 것이지요.

존스의 학설에 따라 유럽 인들은 인도를 백인의 문화와 전통이 가장 잘 보존되어 있는 조상의 땅으로 여겼답니다.

그 후 지금부터 20여 년 전인 1992년, 미국의 소설가 닐 스티븐슨이 『스노 크래시Snow Crash』라는 공상 과학 소설을 써서 유명해졌어요. 닐 스티븐슨은 어릴 때부터 인도 신화를 많이 읽으며 자랐어요. 『스노 크래시』에는 인터넷이 발전을 거듭한 결과, 사람들이 컴퓨터 속의 가상 세계 속에서 살게 될 것이라는 내용이 담겨 있어요. 미래의 사람들은 몸은 현실에 두고 있으면서도 정신은 다른 세상으로 넘어가 가상의 몸속에 들어가 살 것이라는 예언을 그려 내고 있지요.

그런데 현실에서 컴퓨터 속 가상 세계로 넘어간 소설의 주인공을 '아바타라'라고 불렀어요. 그가 어릴 적 읽었던 인도 신화 속의 주인공 아바타라를 그대로 빌려 썼던 것이지요.

이 소설을 감명 깊게 읽고 컴퓨터 전문가가 되기 위해 공부하던 실리콘 밸리 공과 대학 학생들이 나중에 가상 현실에서 자기를 대신하는 아이콘이나 3D 캐릭터를 '아바타avatar'라고 부르게 되었대요.

#뮤지엄 Museum

예술의 신들이 살았던 박물관

역사적인 의미가 깊은 문화 유물을 보존하고 전시하는 박물관을 영어로 '뮤지엄museum'이라고 해요. 그런데 뮤지엄은 본래 음악이나 예술과 관련이 깊은 단어예요.

고대 그리스 인들은 사람의 몸 안에 들어가 노래를 부르거나, 춤을 추거나, 시를 읽게 만드는 9명의 귀신이 있다고 믿었어요. 그런 예술의 신들을 통틀어 '뮤즈Muse'라고 불렀어요. 그래서 음악 공연을 '뮤즈가 하는 짓'이라는 뜻에서 '뮤직music'이라고 했대요.

고대 마케도니아의 알렉산더 대왕은 정복 전쟁에 나가 수많은 나라를 거침없이 굴복시켜 나갔어요. 하지만 세계 정복의 꿈을 이루지 못한 채 서른세 살 때 병에 걸려 세상을 떠났답니다. 그는 죽기 전 친하게 지내던 프톨레미에게 이집트를 넘겨주었어요. 이집트를 물려받은 프톨레미는 '알렉산드리아'란 도시를 새로 만들고 세계에서 가장 큰 규모의 도서관과 세계 최초의 국립 종합 예술 학교를 세웠지요.

곧이어 프톨레미는 그때까지 최고의 문명을 자랑하던 인도, 이집트, 바빌론, 그리스의 옛 작가들이 쓴 각종 시, 악보, 연극 대본 등을 알렉산드리아 도서관으로 모았어요. 그리고 전 세계에서 뛰어난 예술 지망생 1000명을 뽑아 알렉산드리아의 종합 예술 학교로 불러들였어요. 학생들은 멋진 기숙사에 살면서 하인들의 보살핌을 받으며 아침에 일어나서 잠들 때까지 오직 예술 공부에만 전념할 수 있었지요.

프톨레미는 이 학교를 고대 그리스 예술의 신들인 뮤즈에게 바친다는 의미로 학교 이름을 '뮤즈의 신전', 즉 '뮤제이온museion'으로 지었어요. 그 이후로 수백 년 동안 뮤제이온에는 전 세계의 우수한 예술 인재들이 뛰어난 스승의 가르침을 받기 위해 지원서를 들고 몰려들었답니다.

수 세기 후 프톨레미 왕조의 마지막 왕인 클레오파트라 여왕은 그만 로마의 카이사르 장군에게 나라를 빼앗겼어요. 이집트를 정복한 로마 인들은 프톨레미가 지은 뮤제이온을 보고 입을 다물지 못했대요. 그들은 뮤제이온의 이름을 로마식 발음으로 '뮤지엄museum'이라고 바꾸었어요. 뮤지엄은 '뮤즈의 신전'이라는 원래 뜻을 무시하고 라틴 어로 '예술 학교'라는 뜻으로 사용되었어요.

그로부터 다시 오랜 세월이 흐른 1789년 프랑스에서는 평민들이 왕족과 귀족들을 몰아낸 '프랑스 혁명'을 일으켰어요. 그리하여 평민들이 주축이 된 공화국 정부가 세워졌지요. 프랑스 혁명 정부는 수천 년 동안 왕궁과 교회에 보관되었던 고대 미술품들을 어떻게 처리할지가 고민이었어요.

시민들은 고대 예술품들을 훔쳐서 영국 경매소에 팔아넘기는가 하면 예술품이든 뭐든 왕실과 관련된 것들은 죄다 없애 버려야 한다며 오랜 역사가 담긴 그림과 조각 작품들을 마구잡이로 부수곤 했어요.

이것은 매우 심각한 일이었어요. 예를 들면 파리의 노트르담 사원 앞에는 13세기 최고의 조각품으로 손꼽히던 '성경 속 24명의 왕'이라는 작품이 있었는데, 시위대들이 왕관 쓴 것들은 무조건 목을 잘라야 한다며 애꿎은 조각품의 머리까지 잘라 버렸지요.

프랑스 혁명 정부는 급한 대로 혁명 전까지 왕궁으로 사용되었던 루브르 궁 안으로 예술품들을 거두어들였어요.

하지만 혁명 정부는 자신들이 왕실 미술품을 보관하고 있다는 것이 알려지는 걸 두려워했어요. 당시 프랑스 시민들은 누구든 자신들의 비위를 건드리면 바로 기요틴이라 불리던 단두대로 끌고 가 처형시켰기 때문이에요. 혁명 정부는 하루빨리 시민들이 납득할 만한 명분을 찾아야 했어요. 그래서 고민 끝에 시민들에게 루르브 박물관을 공개하겠다는 방침을 발표했어요.

"이제 우리 프랑스에 민주주의 시대가 왔습니다. 그러니 오래전부터 전해지던 문화재와 예술품들은 시민들 누구나 관람할 수 있게 루브르 궁을 박물관으로 고쳐 문을 열 것입니다."

그 뒤로 루브르 궁은 누구나 예술품을 감상할 수 있는 장소로 유명해졌어요. 이에 영향을 받아 세계 각국은 일반인들이 고대 유물들과 작품들을 관람할 수 있는 '뮤즈의 신전'을 앞다투어 지었답니다.

그런데 오늘날에도 유럽의 박물관에 가 보면 그 내부가 이상할 정도로 경건하고, 건축 스타일도 고대 그리스나 로마 시대의 신전과 비슷하다는 것을 알 수 있어요. 원래 '뮤지엄'이 그리스 예술의 신들인 뮤즈의 신전에서 유래되었기 때문에 그에 맞게 지어지고 꾸며졌기 때문이랍니다.

#키치 Kitsch
귀족들을 조롱한 키치 패션

H.G. 웰스라는 영국 소설가가 1905년에 『킵스, 소박한 한 사람의 이야기』를 발표했어요. 이 소설은 당시 많이 생겨난 벼락부자들의 이야기를 다루고 있어요.

이 소설 속의 주인공인 킵스는 옷 가게의 점원으로 살고 있었는데 어느 날 갑자기 벼락부자가 되었답니다. 오랫동안 연락이 끊겼던 할아버지가 돌아가시기 전에 엄청난 유산을 물려주었던 거예요.

하루아침에 부자가 된 킵스는 생각했어요.

'나도 이제 부자가 되었으니 귀족들처럼 우아하게 살아야겠어.'

그때부터 킵스는 크고 고급스러운 저택을 지었으며, 귀족들처럼 멋

있고 우아한 옷을 맞춰 입고 다녔어요. 하지만 아무리 귀족들을 따라 하려고 해도 그의 모습은 어설펐어요. 차츰 물려받은 재산도 거의 바닥이 났지요.

그제야 킵스는 귀족처럼 사는 게 별 의미가 없는 짓임을 깨닫고 열네 살 때 장난삼아 결혼하기로 약속했던 시골에 살던 여자 친구와 결혼을 했어요. 그 뒤로는 자기 분수에 맞게 조그마한 서점을 운영하며 검소하게 살았고, 그것이 오히려 행복한 삶이었다고 소설을 마무리해요.

요즘 사람들 사이에서는 '키치한 멋', '키치 스타일'이라는 말을 많이 하고 있어요. 하지만 '키치kitsch'가 정확하게 무슨 뜻인지 아는 사람은 드물어요. 키치는 위 소설의 주인공처럼 벼락부자가 된 사람들의 어설프고 유치한 귀족 흉내 내기라고 볼 수 있어요.

원래 '키치'는 독일 남부 지역의 사투리로 '더럽히다', '함부로 내다 버리다'를 뜻하는 '키쉔kitschen'에서 나온 말이라고 해요. 키쉔을 그대로 번역하면 '쓰레기'예요.

19세기 무렵 독일 남부 지역에는 화가들이 너무 많다 보니 그림도 잘 안 팔렸고 마땅한 일거리도 없었어요. 귀족들은 창의적이며 예술적으로 가치가 높은 그림을 원했어요. 하지만 그렇게 수준 높은 작품을 그릴 수 있는 화가는 몇 백 명 중에 한 명 있을까 말까였어요.

그런데 소설 속의 킵스처럼 그 지역에서도 갑자기 부자가 된 사람들이 나타났어요. 그런 졸부들은 예술적인 안목이 그다지 높지 않았어요. 그래서 진짜 귀족들이 가지고 있는 그림과 비슷하다 싶으면 쉽게 화가들의 그림을 비싼 값에 샀어요. 덕분에 화가들은 명작과 닮은 그림을 대충 그려서 졸부들에게 팔아 큰돈을 벌 수 있었답니다. 이때 진짜 귀족들은 졸부들이 사들인 조잡한 그림들을 일컬어 '예술 시장을 더럽히는 쓰레기들'이란 뜻으로 키치라고 불렀어요.

그때부터 키치는 수준 높은 예술품의 겉모습만 베낀 싸구려 모조품이거나 손으로 정성스럽게 만들어진 제품의 겉모양만 흉내 내 기계로 마구 찍어 낸 것을 일컫는 말로 쓰이게 되었어요.

벼락부자들이 키치를 좋아했던 것처럼 우리나라도 빠른 속도로 경제 발전이 이뤄지다 보니 키치가 유난히 많아요. 예를 들어 예식장 건물에 사용된 그리스나 로마식 기둥, 유럽의 성 모양을 이상하게 흉내 낸 유원지 주변의 호텔, 콘크리트나 벽돌 질감을 살려 종이에 프린트한 벽지, 나뭇결무늬의 장판 등을 모두 키치라 할 수 있어요. 또 유럽의 전통 수제품을 겉모습만 대강 베껴 '유럽 귀족 풍'이라며 싼값에 팔리는 브랜드들도 '키치'에 속해요.

하지만 키치라고 해서 모든 사람의 멸시를 받은 것은 아니었어요.

1950년대에 활약한 미국인 화가 앤디 워홀은 '돈벌이가 잘 되는 작품이 최고의 예술'이라며 아름다움의 기준을 귀족들의 눈높이에 맞추는 것을 반대했어요. 그는 심지어 유명한 영화배우였던 마릴린 먼로의 모습을 형광색 실크 스크린에 찍은, 당시로서는 충격적인 그림도 미술품이라며 비싸게 팔았어요.

이때부터 키치와 진정한 예술품을 구분하는 게 힘들어졌어요. 예를 들어 1980년대에는 미국의 여가수 마돈나가 세계적인 인기를 끌었어요. 마돈나는 형광색 플라스틱 팔찌, 가위로 자른 청바지, 미키 마우스 티셔츠, 번쩍번쩍하는 레깅스에 농구화나 등산화, 군화 등을 신고 무대에 섰는데 그 뒤 이런 패션이 크게 유행했고 키치하다고 했어요.

그 결과 키치라는 말은 오늘날 귀족들의 고리타분한 스타일에 반항하는 젊은이들의 스타일이란 뜻으로 바뀌었어요.

#롤링 스톤 Rolling Stone
구르는 돌에는 이끼가 끼지 않는다?

서양의 대중음악 중 대표적인 것으로 '록rock' 음악을 들 수 있어요. 록 음악은 원래 미국 시골 흑인들의 음악인 '블루스blues'에서 출발했어요.

1940년대 제2차 세계 대전 때 미국은 히틀러와 맞서 싸우던 영국군을 돕기 위해 유럽으로 공군 비행사들을 파견했어요. 미국의 공군 비행사들은 전투가 없는 주말이면 공항 주변의 마을에서 미국에서 가져온 레코드로 블루스 음악을 틀어 놓고 맥주를 마시거나 춤을 추며 쉬었어요.

그 영향으로 공항 주변 마을에 살던 어린이들은 선글라스와 가죽

점퍼를 입은 미군 조종사들을 동경하기 시작했어요. 그리고 그 아이들이 십 대 청소년이 되었을 때 영국에서는 기타를 뜯으며 블루스 음악을 연주하는 것이 유행했지요.

영국 북부의 켄트라는 아주 작고 가난한 마을에도 1960년대부터 미국에서 건너온 블루스가 유행했어요. 그 지역 청년들은 특히 '시카고 블루스'를 아주 좋아했는데, 그중 네 명의 고등학생이 밴드를 만들었어요. 그들의 수준 높은 기타 실력이 소문을 타기 시작했고, 어느 날 「재즈뉴스」라는 음악 잡지의 인터뷰 요청을 받았어요.

「재즈뉴스」의 잡지사에서 이들에게 전화로 인터뷰를 했어요.

"당신들의 밴드 이름은 뭐죠?"

아직 이름을 짓지 못했던 그들은 당황했어요. 그러다가 테이블 위에 자신들이 가장 좋아하는 미국 아티스트의 레코드판을 얼핏 보니 '롤링 스톤Rolling Stone'이라는 곡이 눈에 띄었어요.

멤버들 중 한 사람이 대답했어요.

"우리 밴드의 이름은 '롤링 스톤스'예요."

이렇게 브리티시 록의 전설 '롤링 스톤스' 밴드가 탄생했답니다.

롤링 스톤이란 '구르는 돌'이란 뜻인데, 1960년대의 영국 록 음악가들은 이 표현을 무척 좋아했어요. 영국의 유명 록 가수 밥 딜런의 곡

중에는 '굴러가는 바위처럼'이라고 해석되는 '라이크 어 롤링 스톤Like a rolling stone'이라는 곡도 있어요. 이것은 '구르는 돌에는 이끼가 끼지 않는다.'는 영국 속담을 응용해서 만든 제목이지요.

1960년대 무렵, 전 세계의 많은 젊은이들은 세상을 바꿔 보겠다며 길거리로 나가 시위를 벌이곤 했어요. 그때의 젊은이들은 산에서 굴러 내려오는 바위가 오래된 이끼를 털어 내듯이, '롤링 스톤스'의 노래가 이 사회를 바꿀 것이라며 아낌없는 사랑을 보냈어요.

그러나 '구르는 돌에는 이끼가 끼지 않는다.'는 속담은 원래 정반대의 의미로 쓰였대요. 옛날 영국의 농가에는 앞뒤로 조그마한 정원이 있었는데, 비가 오거나 바람이 불면 깊이 파이거나 바람에 날려 심하게 망가졌어요. 농부들은 이를 막으려고 큰 돌을 원통 모양으로 깎아 매일같이 굴려서 정원을 단단하게 다져 두었어요. 그 원통 모양의 돌을 '구르는 돌'이라는 뜻에서 '롤링 스톤'이라고 부른 거예요.

따라서 롤링 스톤은 원래 '매일 아침 부지런히 자기 정원을 잘 다져 두고 가꾸는 집은 부패하지 않고 번성한다.'는 뜻이었지만, 나중에는 '구르는 돌에는 이끼가 끼지 않는다.'라는 속담으로 변화되어 쓰이게 된 것이지요.

이처럼 옛날에는 많은 사람이 농사를 짓고 살았기 때문에 인생을 농사에 비유하는 속담이나 격언이 많았어요. 문화를 영어로 '밭을 간다.'는 뜻의 '컬처culture'라고 부르는 걸 예로 들 수 있어요. 밭을 갈지 않으면 돌이 굴러들고 잡초가 마구 자라 못 쓰는 야생의 땅이 되듯이, 사람의 마음도 가꾸지 않으면 쓸데없는 생각으로 가득 찬 동물이 된다는 뜻에서 '밭 갈기'라는 단어가 '문화'라는 뜻으로 쓰이게 된 것이랍니다.

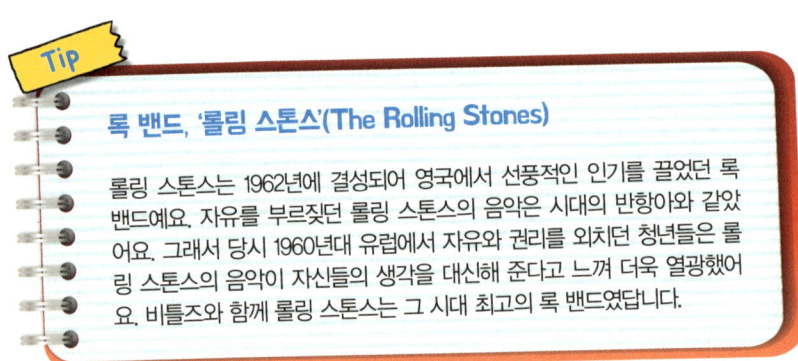

록 밴드, '롤링 스톤스'(The Rolling Stones)

롤링 스톤스는 1962년에 결성되어 영국에서 선풍적인 인기를 끌었던 록 밴드예요. 자유를 부르짖던 롤링 스톤스의 음악은 시대의 반항아와 같았어요. 그래서 당시 1960년대 유럽에서 자유와 권리를 외치던 청년들은 롤링 스톤스의 음악이 자신들의 생각을 대신해 준다고 느껴 더욱 열광했어요. 비틀즈와 함께 롤링 스톤스는 그 시대 최고의 록 밴드였답니다.

조승연이 들려주는 재미있는 인문학
음식 & 커피

3

Sandwich

Spam

Starbucks

Croissant,
Vienna Coffee,
Booting

#샌드위치 Sandwich

도박꾼 몬테규 백작이 유행시킨 샌드위치

　한때 영국은 세계를 정복해 대영제국이라 불리며 '해가 지지 않는 나라'로 통했어요. 그만큼 전 세계에 걸쳐 영국의 지배를 받던 나라가 많았지요. 지금으로부터 200년 전만 해도 거대한 영국의 범선들이 영국의 식민지였던 미국, 캐나다, 인도, 이집트, 싱가포르, 홍콩, 오스트레일리아, 뉴질랜드 등으로부터 노예, 설탕, 향료, 후추, 금, 은, 보화 등을 가득 싣고 대양을 가르며 영국으로 향했어요. 이와 같은 대영제국의 무적함대를 이끄는 총 책임자는 '1등 해군 대신'이라는 아주 높은 직책이었지요.

　1700년대 말, 존 몬테규라는 1등 해군 대신이 있었는데 그의 권세는 하늘을 찔렀어요. 이런 높은 지위에 오르려면 매우 성실하고 능력이 많아야 할 것 같지만 실제로는 그렇지 않았어요. 그 당시 유럽의 귀족들은 왕과 함께 사냥을 나가거나 무도회에 참석해서 왕을 즐겁게 해 주면 원하는 자리를 쉽게 얻을 수 있었다고 해요.

몬테규는 당시 대부분의 귀족들처럼 도박꾼으로 유명했어요. 하루 종일 쉬지 않고 도박을 즐길 정도였지요. 하루는 온종일 도박에 매달리느라 식사할 시간조차 낼 수 없자 하인을 불러 말했어요.

"빵 두 조각 사이에 고기를 끼워 오게."

몬테규는 그렇게 하인을 시켜 만들어 온 음식을 먹으며 도박을 계속했어요.

존 몬테규의 조상은 대대로 모래로 덮인 해안가의 마을을 다스리던 백작 가문이었어요. 그래서 몬테규의 영지를 '모래sand가 덮인 해안beach'에서 따온 두 단어를 합쳐 '샌드위치sandwich'라고 불렀지요. 당시 지위가 높은 사람의 성과 이름을 함부로 부를 수 없었던 농민들은 몬테규를 '샌드위치 백작'이라고 불렀어요.

그래서 몬테규가 먹은 빵 두 조각 사이에 고기를 끼운 음식은 '샌드위치 백작처럼 먹는 것'이라고 해서 '샌드위치'라는 이름을 얻게 되었어요. 평민들이야 이런 식으로 식사를 흔하게 했겠지만 영국의 1등 해군 대신이 고급스런 카지노에서 먹었다는 사실이 알려지면서 샌드위치는 귀족의 고급 음식으로 소문이 나기 시작해 그 뒤 전 세계적으로 인기를 얻게 되었지요.

몬테규는 불성실한 노름꾼이었지만 그의 이름은 많은 곳에 남아 있어요. 음식 '샌드위치' 외에도 남태평양에 '샌드위치 군도'라는 조그마한 무인도들이 있고, 또 알래스카 부근에도 '몬테규 섬'이 있어요.

이렇게 된 데에는 몬테규에게 쿡 선장이라는 뛰어난 부하가 있었기 때문이에요. 이탈리아에 콜럼버스가 있고 포르투갈에 마젤란이 있다면, 영국에는 쿡 선장이 있다고 할 만큼 그는 뛰어난 모험가였어요. 전설로만 떠돌던 '남쪽 대륙'인 호주, '오스트레일리아Australia'를 찾아 항해를 떠났던 특이한 인물이었지요.

쿡 선장은 태평양에 떠 있는 수많은 섬을 방문해서 그곳에 살고 있는 원시 부족들을 만나 그들의 문화를 생생한 기록으로 남겼어요. 귀족으로 태어난 몬테규 백작이 런던에서 샌드위치를 유행시키고 있을 때, 평민으로 태어난 쿡 선장은 태평양을 누비며 원주민들을 만나 그들의 이야기를 기록하며 인간에 대한 새로운 시각을 제시했던 것이지요.

#스팸 Spam

비상식량에서 광고 메일로 추락한 스팸

'스팸spam'은 깡통에 넣어 파는 햄의 한 종류였어요. 그러나 지금은 광고 문자나 광고 이메일을 뜻하는 말로도 쓰이고 있어요.

제2차 세계 대전은 미국을 비롯한 연합군이 승리한 것으로 막을 내렸어요. 그런데 연합군이 전쟁에서 이긴 큰 이유 중 하나가 '스팸'이라는 햄이었다는 말이 있어요.

당시 미국 정부는 세계 방방곡곡에서 싸우고 있는 젊은 군인들에게 영양가 있는 음식을 먹이는 일이 큰 숙제였어요. 하지만 미국 땅으로부터 수천 킬로미터 떨어진 전쟁터에서 싸우는 병사들에게 고기를 상하지 않게 배달하는 것은 쉽지 않았어요. 게다가 수백만 명에게 고기를 먹이려면 그 비용도 만만치 않았지요.

그때 마침 미국의 '호멜'이라는 식품 회사가 너무 질기고 비계가 많아 팔리지 않는 돼지의 어깨살을 깡통 조림으로 만들어 포장하는 방법을 개발했어요.

뼈와 연골을 발라내지 않은 돼지고기 어깨살을 잘게 으깨어 말리면 하얀 가루로 변해요. 거기에 식초, 소금, 인공 조미료, 방부제를 넣고 반죽하면 살색 젤리가 되는데, 이것을 깡통에 넣고 눌러서 포장하면 몇 년이 지나도 썩지 않으면서, 일반 햄과 색상이나 질감이 비슷하여 병사들이 고기로 착각할 만한 식품이 되었지요.

상품 가치가 없는 고기로 만들었기 때문에 값도 일반 고기보다 훨씬 저렴했어요. 호멜에서는 통조림에 매콤한 조미료를 넣고 이름을 '매운 햄'이란 뜻의 '스파이시 햄spicy ham'이라고 지었어요. 그 뒤 스파이시 햄을 줄여서 지금처럼 'SPAM'으로 부르게 된 거예요. 그런가 하면 '돼지의 어깨살을 사용한 햄shoulder of pork and ham'이라는 뜻에서 'SPAM'이라고 불렀다는 주장도 있어요.

미국 정부는 군인들이 땀을 많이 흘리고 에너지를 많이 소모하므로 스팸이 건강을 유지하는 데 도움이 될 것이라 판단했어요. 그래서 '호멜'로부터 스팸을 잔뜩 구입해 전 세계에 나가 있는 미군에게 넉넉하게 보냈어요. 덕분에 '호멜'은 하루아침에 벼락부자가 되었고, 미군은 독일군이나 일본군에 비해 몇 배 많은 고기를 먹을 수 있게 되었어요. 잘 먹은 군인들이 좋은 체력으로 전투에서 승리했기 때문에, 스팸으로 인해 제2차 세계 대전을 승리로 이끌 수 있었다고 주장하는 역사가가 많답니다.

미군들은 비상식량으로 사용할 스팸을 배낭에 넉넉히 넣고 다니다가 굶주린 민간인들을 만나면 나눠 주곤 했어요. 그런데 스팸에는 맵거나 짭짤한 인공 조미료가 많이 들어 있어서 한 번 먹어 본 사람들은 그 맛에 금세 중독되었어요. 그래서 제2차 세계 대전이 끝난 후에도 미군 기지가 있던 나라에서는 스팸의 인기가 식을 줄 몰랐어요.

오늘날 하와이는 미국에서도 뚱뚱하거나 심장병을 앓는 사람이 가장 많은 지역으로 손꼽힌대요. 그 원인을 조사해 보니 스팸을 너무 많이 먹었기 때문이라고 해요. 요즘도 하와이의 맥도널드에서는 스팸버거를 판다고 하니 얼마나 스팸을 많이 먹는지 짐작할 수 있지요. 우리나라에서도 명절에 스팸 선물 세트를 만들어 팔 정도예요.

영국도 마찬가지였어요. 전쟁이 끝난 후 소를 길러 품질 좋은 고기를 먹을 수 있게 되기 전까지 미국에서 값싼 스팸을 수입해 왔어요. 또 어린 시절부터 스팸 맛에 익숙해진 노동자들도 계속 스팸을 찾았지요.

　이런 스팸의 인기는 영상 자료로도 남아 있어요. 1970년대 영국에서는 '몬티 파이톤'이라는 코미디 그룹이 큰 인기를 끌었어요. 이들이 만든 한 비디오 영상을 보면 몬티 파이톤 멤버들이 싸구려 음식점에 갔는데 그곳의 모든 음식에 '스팸'이 들어 있었어요. 그들이 사 먹을 만한 음식이 없다며 고민하는 사이 갑자기 바이킹들이 음식점에 쳐들어와 "SPAM, SPAM, SPAM, SPAM!"이라며 가사가 'SPAM'만 되풀이되는 노래를 불렀어요.

　그 뒤 한 컴퓨터 해커가 이 코미디 비디오를 보고 다른 해커들에게 일종의 바이러스를 만들어 퍼뜨렸어요. 이 바이러스 파일을 열면 컴퓨터가 작동을 멈추고 프린터에 'SPAM, SPAM, SPAM, SPAM'이라는 글자가 계속 찍혀 나오는 것이었어요.

　그때부터 컴퓨터 프로그래머들은 인터넷에 떠다니는 정체 모를 프로그램이나 메시지, 원하지 않는 쓰레기 코드들을 'SPAM'이라고 부르게 되었어요. 또 이메일이 점차 대중화되면서 스팸은 이메일을 통해 들어오는 광고 메시지라는 의미로도 발전했어요.

#크루아상, 비엔나 커피, 부팅
Croissant, Vienna Coffee, Booting
비엔나 전투와 크루아상, 비엔나 커피, 부팅

중세 유럽에서는 오스트리아와 터키 두 나라가 200년 동안 전쟁을 치렀어요. 누가 중앙 유럽의 최강자인지를 겨뤘던 거예요. 결국 1683년에 비엔나에서 최후의 전쟁을 벌였는데 이 전쟁과 관련해 나온 '크루아상croissant', '비엔나 커피vienna coffee', '부팅booting' 등의 단어가 널리 사용되기 시작했답니다.

1683년 터키 황제는 터키 제국의 최정예 군인들을 모조리 출동시켜 오스트리아의 수도 비엔나를 포위하고 총공격을 했어요. 그러나 예상을 뒤엎고 비엔나 시민들과 이웃 폴란드에서 지원하러 온 기사들이 연합해 터키 군대를 크게 무찔렀어요. 마침내 터키는 중앙 유럽을 지배하려는 꿈을 접을 수밖에 없었어요.

'비엔나 전투'로 불리는 이 전쟁은 재미있는 일화를 많이 남겼어요. 먼저 프랑스 빵으로 알려진 '크루아상'에 대한 이야기예요. 크루아상은 원래 음악 악보에 적는 '점점 세게 연주하라'라는 뜻의 이탈리아 어 '크레셴도crescendo'를 프랑스 식으로 발음한 것이에요. 크레셴도는 '점점 커진다', '자라난다'라는 뜻이지요. 여기서 유래해 프랑스 사람들은 점점 커져 반달이 되는 초승달도 '크루아상'이라 불렀어요. 그러니까 '크루아상'이란 빵 이름은 '초승달 빵'이라는 뜻이지요.

비엔나 전투에서 승리한 오스트리아 시민들은 '우리가 터키를 먹어 버렸다.'라는 뜻에서 터키 국기에 그려진 초승달 모양의 빵을 만들어 이웃과 나눠 먹으며 축하했어요. 거꾸로 프랑스 인들은 '크루아상'과 비슷한 빵은 모조리 '비엔나 식빵La viennoiserie'이라고 했대요.

그리고 모차르트가 작곡한 〈터키 행진곡〉도 비엔나 전투와 관계가 있어요. 터키 군대에는 적과 싸우는 병사들 옆에서 악사들이 나팔, 북, 심벌즈로 신나는 음악을 연주해 사기를 북돋는 전통이 있었어요. 비엔나 전투에서 터키 군대가 패배해 철수하자 오스트리아의 푹스라는 작곡가가 승전을 축하하는 뜻으로 〈1683년 비엔나 전투의 추억들〉이라는 작품에 터키 멜로디를 사용했어요. 이로 인해 터키 풍으로 작곡을 하는 유행이 생겼는데 모차르트도 그런 영향을 받아 〈터키 행진곡〉을 작곡했답니다.

또 하나는 '비엔나 커피'에 대한 이야기예요. 터키 군인들은 커피를 무척 좋아해서 전쟁터에까지 커피콩을 잔뜩 들고 왔어요. 그러나 1683년 전쟁에서 크게 패배한 뒤 엄청나게 많은 커피를 비엔나에 두고 철수했답니다.

이때 비엔나의 한 시민이 그 커피를 챙겨서 비엔나에 첫 번째 커피숍을 냈어요. 그는 커피의 쓴맛을 없애려고 크림과 꿀을 넣었는데 큰 인기를 끌었지요. 여기서 '비엔나 커피'가 시작되었대요.

마지막으로, 오늘날 '컴퓨터를 켠다'는 뜻으로 쓰는 '부팅'이라는 단어가 생긴 이야기예요. 비엔나 전투가 끝난 뒤 유럽의 여러 나라들은 오스트리아를 중심으로 똘똘 뭉쳐 터키를 완전히 굴복시키기 위해 계속 전쟁을 해 나갔어요. 이때 독일 출신의 '문차우젠 남작'이라는 괴짜가 나타났어요. 그는 어려서부터 비엔나 전투의 무용담이 담긴 책을 읽으며 자랐어요. 그러면서 자신도 훗날 군인이 되어 터키 군대를 크게 무찌르겠다는 꿈을 키워 나갔답니다.

그런데 문차우젠이 어른이 되었을 때는 독일과 터키의 전쟁이 더 이상 없었어요. 그런데도 그는 터키 군대와 꼭 싸우겠다며 러시아로 가서 러시아군 장교가 되었어요. 하지만 그는 터키와 전쟁을 하기는커녕 아름다운 해변에 있는 부대에서 아주 편하게 군 생활을 했대요.

문차우젠은 터키 전선에 몇 번 출장을 다녀온 게 고작일 정도였어요. 그런데 그는 출장만 다녀왔다 하면 터키 군사들을 혼자서 다 물리친 것처럼 허풍을 떨었어요. 말도 안 되는 이야기들을 지어내 자신이 전쟁 영웅인 양 떠들고 다녔던 것이지요. 그런 거짓말 중에서 가장 황당한 이야기는 늪에 빠졌을 때 자기 머리카락을 스스로 잡아당겨서 빠져나왔다는 이야기였어요.

그런데 미국에서는 문차우젠의 이야기가 약간 다르게 전해졌답니다. 그가 늪에 빠졌을 때 자신의 머리카락이 아니라 부츠를 끌어올려 늪에서 빠져나왔다고 말이에요.

그 뒤 심리학자들은 여러 사람의 관심을 끌어 볼 목적으로 말도 안 되는 이야기를 지어내는 정신병을 '문차우젠 신드롬'이라고 불렀어요. 그런가 하면 논리학에서는 '문차우젠 딜레마'라는 용어가 생겨났어요. 문차우젠이 늪에 빠졌는데 자기 머리카락 또는 부츠를 잡아당겨 스스로 빠져나왔다는 얘기처럼 반드시 외부의 힘이 필요한데도 내부에서 해결하려고 발버둥 치다가 문제를 더욱 키우는 일을 '문차우젠 딜레마'라고 한 거예요.

근래에 컴퓨터가 개발될 무렵, 컴퓨터 엔지니어들은 이런 문차우젠 딜레마에 빠져 있었어요. 그들은 버튼 하나만 누르면 컴퓨터가 알아서 내부에 전기를 돌려 작동되는 기술을 발명하려고 했어요. 잠든 사람에게 스스로를 깨워 일어나라는 말과 똑같은 이치였어요.

당시 컴퓨터 과학자들은 버튼 하나로 컴퓨터를 켜는 기능을 마치 문차우젠이 자기 부츠를 잡아당겨 늪에서 빠져나왔다는 것처럼 말도 안 된다고 생각했어요. 그래서 '부츠를 잡아당기다'라는 의미에서 '부팅'이라고 불렀대요.

그런데 이후 실제로 컴퓨터 버튼 하나를 누르면 스스로를 깨우는 기술이 개발되었어요. 그래서 컴퓨터나 휴대 전화의 버튼 하나를 눌러 전체 시스템을 켜는 것을 '부팅한다'고 말해요.

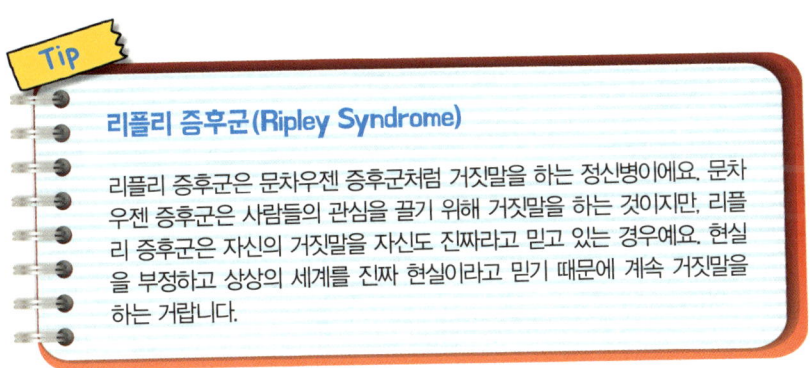

리플리 증후군(Ripley Syndrome)

리플리 증후군은 문차우젠 증후군처럼 거짓말을 하는 정신병이에요. 문차우젠 증후군은 사람들의 관심을 끌기 위해 거짓말을 하는 것이지만, 리플리 증후군은 자신의 거짓말을 자신도 진짜라고 믿고 있는 경우예요. 현실을 부정하고 상상의 세계를 진짜 현실이라고 믿기 때문에 계속 거짓말을 하는 거랍니다.

#스타벅스 Starbucks
갈대 개울에서 시작된 커피 전문점

20~30년 전만 해도 맥도널드가 국제화의 상징이었다면 지금은 '스타벅스Starbucks'가 그 역할을 대신하고 있다는 주장이 많아요. 사실 '스타벅스'가 국제화된 것은 1300년 정도의 역사를 가지고 있어요. 어떤 사람들은 이 커피 전문점을 우스갯말로 '별 다방'이라 부르지만 스타벅스는 별과 아무 관계도 없는 단어라고 해요.

영국의 맨체스터 시에서 자동차를 타고 서쪽으로 한 시간 정도 달리면 '스타 벡Star Bek'이라는 작은 개울이 나와요.

약 1000년 전의 일이었어요. 추운 북쪽 땅에서 따뜻한 곳을 찾아 영국으로 건너온 바이킹 한 무리가 갈대가 무성하게 자란 작은 개울을 보았어요. 바이킹들은 그 개울을 옛 바이킹 말로 갈대란 뜻의 '스토stor'와 개울이란 뜻의 '벡bek'을 합쳐 스토벡이라고 불렀어요. 말 그대로 '갈대의 개울'이라고 했던 것이지요.

그 후 세월이 흘러 중세 시대가 되었을 때 바이킹 출신의 한 가족이 이 개울 옆에 집을 짓고 농사를 지으며 살았어요. 사람들은 그 가족을 '갈대 개울의 가족들'이란 의미로 스타벅스라고 불렀어요.

다시 몇 백 년이 지났을 때 스타벅스의 먼 후손들은 미국으로 건너가 고래잡이배를 타면 큰돈을 벌 수 있다는 소문을 들었어요. 그 당시 전기가 발명되기 전까지는 밤에 등잔불을 켰는데, 등잔불에 쓰던 가장 좋은 기름은 고래 기름이었어요. 그러니 고래를 잡으면 비싼 값에 팔 수 있었지요. 스타벅 가족은 미국 보스턴 앞바다에 있는 '난투켓'이라는 섬에 자리를 잡고 고래잡이 사업에 뛰어들었어요.

고래잡이는 낡은 배를 타고 대서양과 태평양을 누비며 작살 하나로 자신들이 탄 배보다 몇 배나 큰 고래를 맨손으로 잡아 오는 위험천만한 일이었어요. 하지만 스타벅의 아들들은 먼 옛날 바다를 주름잡던 바이킹의 후손답게 거대한 바다를 누비며 용감하게 고래를 잡아 대단한 고래잡이로 이름을 날렸어요. 그들은 태평양의 망망대해를 누비고 다니다가 한 섬을 발견하기도 했는데, 그 섬은 지금도 '스타벅 아일랜드Starbuck Island'라고 불려요.

스타벅 후손들이 고래잡이로 한창 이름을 날리던 1800년대 초였어요. 허먼 멜빌이라는 보스턴의 부잣집 아들이 편하고 안락하게 지내는 나날이 너무 지루하다며 고래잡이배인 포경선을 탔어요. 멜빌은 세계 곳곳을 돌면서 원주민들이 들려준 이야기를 소설로 썼어요. 그 중 포경선 이야기를 쓴 『모비 딕Moby Dick』이란 소설도 있었어요. 그런데 이 소설은 너무 길고 지루한 나머지 몇 백 권밖에 안 팔릴 정도로 인기가 없었대요. 그런데 운이 좋았는지 미국 학생들의 필독 도서로 선정되자 그때부터 불티나게 팔리게 되었고 지금까지 명작 소설로 이름을 날리게 되었어요.

모험을 좋아하던 사람들은 『모비 딕』을 여러 번 읽기도 했는데 1970년대에 미국 시애틀에서 영어 교사로 일한 제임스 볼드윈도 그런 사람 중 하나였어요. 교사 생활이 지루해진 볼드윈은 이후에 친구들과 미국인 입맛에 맞춘 이탈리아 풍 커피를 파는 커피숍을 열었어요.

그리고 그는 커피숍의 이름을 고민하던 중, 평소 좋아하던 소설 『모비 딕』에 나온 사람의 이름을 따 '스타벅스'라고 짓고 간판을 내걸었어요. 처음 소박하게 시작된 커피숍은 차츰 이름이 알려졌고 수십 년이 지난 오늘날에는 세계적으로 손꼽히는 커피 체인점이 될 만큼 큰 성공을 거두었어요.

　스타벅스 커피숍의 로고 안에는 인어가 앉아 있는 모습이 있어요. 이 인어는 고대에 '사이렌'이라 불리던 인어를 그린 것이에요. 고래잡이들이 사이렌에 관한 미신을 깊이 믿는 데서 사이렌을 로고로 쓴 것이라고 해요. 이렇게 흔한 커피숍의 간판에도 재미있는 이야기를 담고 있답니다.

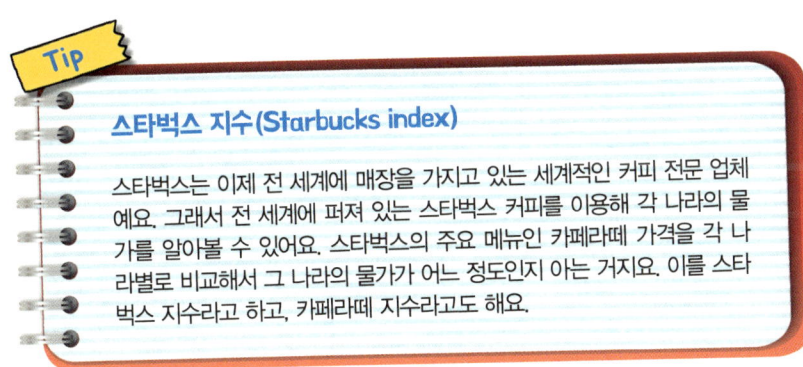

스타벅스 지수(Starbucks index)

스타벅스는 이제 전 세계에 매장을 가지고 있는 세계적인 커피 전문 업체예요. 그래서 전 세계에 퍼져 있는 스타벅스 커피를 이용해 각 나라의 물가를 알아볼 수 있어요. 스타벅스의 주요 메뉴인 카페라떼 가격을 각 나라별로 비교해서 그 나라의 물가가 어느 정도인지 아는 거지요. 이를 스타벅스 지수라고 하고, 카페라떼 지수라고도 해요.

#베네 Bene
반듯하고 아름다운 게 최고라는 베네

커피 전문점 중에서 '카페 베네caffe bene'라 적힌 간판을 본 적이 있을 거예요. 여기서 베네는 처음에 '반듯해서 보기 좋다'라는 뜻으로 쓰였다가 '선하다', '옳다'라는 뜻으로 발전했어요. 그러니까 카페 베네는 '커피를 좋게'라고 옮길 수 있지요.

유럽의 대도시들은 수백 년 전부터 만들어졌기 때문에 뉴욕 등 근래에 생긴 대도시들에 비해 시설이 낡고 불편하며 지저분해 보여요. 하지만 이런 오래된 유럽 도시들은 방문하는 관광객들이 한 해에 1000만 명이 넘을 정도로 인기가 많지요.

이탈리아의 중부 도시 피렌체는 세계에서 가장 아름다운 도시로 알려져 있어요. 피렌체는 기원전 10세기부터 만들어졌는데 오늘날과 같은 모습을 갖춘 것은 지금부터 300년 전쯤이었다고 해요.

그 무렵 피렌체는 레오폴트라는 공작이 지배하고 있었어요. 레오폴트는 마음씨가 착해서 피렌체 시민들의 존경을 한 몸에 받았다고 해요. 피렌체 시민들이 레오폴트 공작을 얼마나 존경했는지 그를 부를 때면 늘 '우리 아빠Il babbo'라고 했답니다.

그런 레오폴트 공작이 어느 날 피렌체 사람들에게 황당한 지시를 내렸어요.

"피렌체 주변의 모든 농가의 대문을 고대 그리스와 로마처럼 웅장하고 아름다운 돌 대문으로 고쳐 지어라."

피렌체 사람들은 이게 무슨 말이냐며 당황해했어요. 왜냐하면 대부분의 농민들이 하루하루 끼니를 잇기에도 벅찰 만큼 가난하게 살았기 때문이에요. 하지만 그들은 아버지처럼 존경스러운 레오폴트 공작의 지시를 어길 수 없다며 그 명령을 따르기로 했답니다.

마침내 모두들 큰 빚을 지면서까지 초라했던 대문을 우아한 돌 대문으로 바꿨어요. 그렇지만 대문을 짓다 빚더미에 앉게 된 농민들은 살던 집이 헐어도 수리할 엄두를 낼 수 없었어요. 결국 대문은 우아하고 화려했지만 집은 비가 줄줄 샜고, 겨울에는 황소바람이 들어와 도무지 살 수가 없을 지경이었답니다. 결국 사람들은 집에서 나와 20여 명 정도씩 옹기종기 모여서 돼지우리나 소 외양간에서 가축들과 함께 지냈다는 기록이 전해지고 있어요.

이렇게 코미디 같은 일이 벌어진 것은 레오폴트 공작을 비롯한 유럽의 왕이나 귀족들이 백성들을 먹여 살리고 따뜻한 곳에서 재워 주는 일보다 거대한 신전이나 궁전, 화려한 도시를 짓는 일을 더 중요하게 여겼기 때문이에요. 그 덕분에 유럽의 도시들은 오늘날 세계의 사람들이 찾는 최고의 관광지가 되었고, 후손들은 관광 수입을 얻으며 잘 살고 있는 것이지요.

그렇다면 당시 사람들은 어째서 왕이나 귀족들의 한심한 명령을 고분고분 따랐을까요? 서양인들은 오래전부터 마을이나 도시가 반듯해야 사람들이 선량해지고, 선량한 사람이 많을수록 잘살게 된다고 굳게 믿었기 때문이래요.

라틴 어인 베네로부터 '뷰티beauty'라는 단어가 생겼다는 것을 알면 쉽게 이해할 수 있어요. 베네는 본래 '똑바르다'라는 뜻이었어요. 로마인들은 똑바른 것, 반듯한 것을 최고로 여긴 반면 삐딱하거나 못생긴 것은 나쁘게 보았어요. 거리를 걷다가도 못생긴 사람이 앞에 있으면 피해 다닐 정도였어요.

이렇게 로마 인들에게는 아름다운 것이 좋은 것이고, 좋은 것은 아름다운 것이었어요. 그 뒤 '베네bene'의 발음이 프랑스 어 '벨belle'로 바뀌면서 '반듯한 여자', 즉 '미녀'를 뜻하게 되었어요.

월트 디즈니에서 만든 만화 영화 중 「미녀와 야수」가 있어요. 이 영화 속 여자 주인공의 이름은 '벨'이며 우리말로 옮기면 '미녀'라는 뜻이에요. 「미녀와 야수」는 흉측하고 거칠며 야만적인 야수가 미녀인 벨 곁에서 지내게 되면서부터 선량해진다는 줄거리를 가지고 있어요.

다시 말해 이 만화 영화는 반듯하고 아름다운 것이 언제나 옳다는 서양인들의 오래된 믿음을 고스란히 담고 있는 작품이지요.

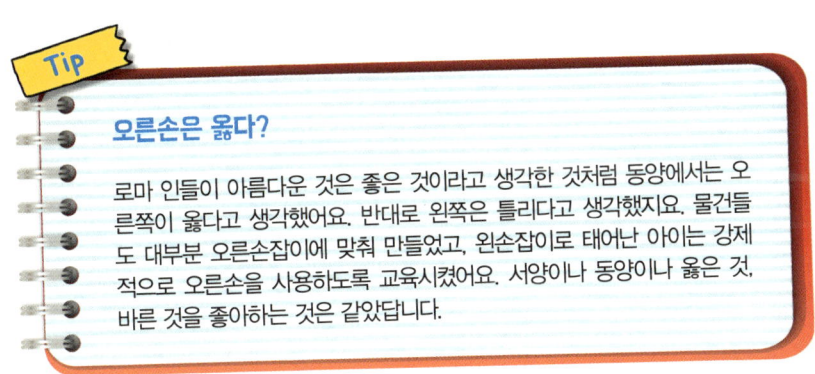

오른손은 옳다?

로마 인들이 아름다운 것은 좋은 것이라고 생각한 것처럼 동양에서는 오른쪽이 옳다고 생각했어요. 반대로 왼쪽은 틀리다고 생각했지요. 물건들도 대부분 오른손잡이에 맞춰 만들었고, 왼손잡이로 태어난 아이는 강제적으로 오른손을 사용하도록 교육시켰어요. 서양이나 동양이나 옳은 것, 바른 것을 좋아하는 것은 같았답니다.

#카푸치노 Cappuccino

카푸친 수도승과 커피

어른들이 즐겨 마시는 커피 중에 '카푸치노cappuccino'가 있어요. 카푸치노는 서양의 수도원 같은 데서 수행하는 수도승들을 일컫는 말이었어요. 그들은 커피는커녕 신발을 신는 것조차 사치로 여길 정도로 검소한 사람들이었죠. 그래서 맨발로 다니기 일쑤였어요. 그런데 왜 커피에 카푸치노의 이름을 붙였을까요?

오래전 이탈리아 수도승들은 높은 산꼭대기에 수도원을 짓고 살았어요. 돌을 쌓아 만든 수도원은 한낮에도 어둠침침했지요. 수도승들은 그런 곳에 살며 수도원 주변의 평지를 찾아내 곡식을 심어 자급자족했답니다.

이 수도승들의 기원은 16세기까지 거슬러 올라가요. 마테오란 수도승이 이탈리아 동부에 있는 한 수도원에서 지내고 있었어요. 그는 어느 날 꿈속에서 하느님을 만났어요.

"마테오여, 내 말을 다른 수도승들에게 반드시 전하여라."

"그리하겠습니다."

"수도승은 검소하게 살아야 한다. 그러니 발에 피가 나더라도 맨발로 다녀야 한다. 그런 사람이 진정한 수도승이다."

마테오는 이와 같은 하느님 말씀을 다른 수도승들에게 그대로 전했어요. 마테오의 이야기를 들은 수도승들이 크게 반발했어요.

"정말 하느님이 그런 말을 했소?"

"당신 미친 거 아니오? 검소하게 살라는 말씀은 이해하겠지만 피까지 흘려 가며 맨발로 걸어 다니라니?"

결국 마테오는 다른 수도승들로부터 이상한 사람으로 몰렸답니다. 마테오는 가만히 있다가는 그들에게 몰매를 맞고 죽을지도 모른다는 생각이 들었어요. 그래서 자기의 말을 믿고 따르는 제자들과 함께 수도원에서 급히 도망쳤어요. 마테오 일행은 멀리 떨어진 산속에서 숨어 지내는 어질고 현명한 현자들을 찾아가 한동안 머물게 해 달라고 청했답니다.

현자들의 허락을 받아 함께 지내게 된 마테오는 로마 교황청과 여러 번 편지를 주고받은 결과 검소한 생활을 할 수 있는 새로운 수도원을 지어도 된다는 허가를 받아 냈어요.

그 무렵, 마테오 일행을 숨겨 주었던 현자들은 짙은 갈색 옷을 입고 살았어요. 그 옷은 거친 천으로 만들어졌으며 갑자기 비가 오거나 거센 바람이 불 때 쓸 수 있는 모자가 달려 있었어요. 마테오는 현자들이 준 옷 한 벌만으로 평생 검소하게 살라고 제자들에게 가르쳤어요. 그때부터 사람들은 진갈색 옷을 입고 동냥을 하러 다니는 마테오의 제자 수도승들을 볼 때마다 "모자가 달린 옷을 입은 수도승 거지들이 지나간다."고 놀렸어요.

옷에 달린 모자를 영어로는 '카푸쉬Capuche', 이탈리아 어로는 '카푸초Cappuccio'라고 불러요. 따라서 당시의 이탈리아 인들은 마테오의 제자들을 '카푸초를 쓴 수도승'이란 뜻에서 '카푸친cappucine 수도승'이라고 불렀어요.

그들이 입은 진갈색 옷은 오스트리아의 비엔나에서 유행하던 거품 크림 커피의 색깔과 똑같았다고 해요. 그렇기에 카푸친 수도승이 돌아다니면서부터 사람들은 비엔나의 거품 크림 커피를 카푸친 수도승의 옷과 같다며 '카푸치노cappuccino'라고 불렀대요.

그 뒤 카푸치노의 뜻은 차츰 변하기 시작해 지금은 스팀 우유로 만든 커피를 뜻하는 말로 굳어졌어요.

이처럼 600년 전의 마테오와 그의 제자 수도승들은 평생 검소하게 살았지만 다른 수도승들은 흐트러진 모습을 많이 보였대요. 높은 산에서 조용히 지내다 보니 하루하루가 따분했기 때문이에요. 그런 무료함을 달래기 위해 맥주 등을 직접 만들어 마시다가 나중에는 술주정뱅이가 된 수도승도 많이 생겨났답니다.

우리나라에서는 술에 몹시 취해 행동거지가 볼썽사나운 사람을 개에 비유하곤 해요. 그런데 유럽 사람들은 개가 아니라 원숭이에 비유했어요. 그들은 술에 취한 수도승이 원숭이와 닮았다고 생각한 거지요. 그 뒤로 수도승이란 뜻의 '몽크monk'에서 유래하여 원숭이를 '몽키monkey'라고 부르게 되었어요.

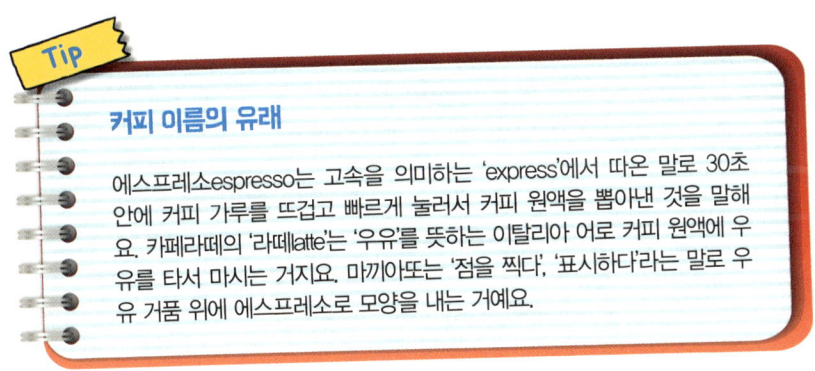

커피 이름의 유래

에스프레소espresso는 고속을 의미하는 'express'에서 따온 말로 30초 안에 커피 가루를 뜨겁고 빠르게 눌러서 커피 원액을 뽑아낸 것을 말해요. 카페라떼의 '라떼latte'는 '우유'를 뜻하는 이탈리아 어로 커피 원액에 우유를 타서 마시는 거지요. 마끼아또는 '점을 찍다', '표시하다'라는 말로 우유 거품 위에 에스프레소로 모양을 내는 거예요.

#마르게리타 Margherita

왕비의 이름에서 생겨난 마르게리타 피자

피자의 나라 이탈리아에는 별의별 피자가 다 있어요. 그중 '마르게리타Margherita' 피자가 있는데 이 피자는 이탈리아의 전통 피자 중에서 세계적으로 많은 사람의 사랑을 받고 있으며 가장 가볍게 먹을 수 있는 피자로 손꼽혀요. 이 피자는 얇고 바삭바삭한 크러스트 위에 토마토소스를 펴 바르고 치즈를 듬성듬성 얹는 것이 특징이지요.

그런데 150년 전만 해도 이탈리아에서 마르게리타라는 이름은 함부로 입에 담을 수도 없었어요. 바로 여왕의 이름이었기 때문이지요.

사실 마르게리타 피자는 피도 눈물도 없는 정치 투쟁과 혁명 속에서 태어났어요. 한때 이탈리아에서는 빵 값이 너무 올라 많은 백성들이 굶어 죽을 지경이었어요. 그러자 백성들은 식량 문제를 해결해 달라며 궁전 앞으로 몰려가 시위를 벌였어요.

"국왕이여, 우리에게 빵을 주시오!"

"먹을 것을 내놓으시오!"

시위가 일어나자 국왕 움베르토 1세는 즉시 근위대를 불러서 시위대를 해산시키고 궁전을 지키도록 했어요. 그래도 백성들은 빵을 주기 전에는 한 발자국도 물러나지 않겠다며 시위를 계속 벌였지요. 시위대가 끝까지 저항하자 근위대장이 부하들에게 명령했어요.

"저들에게 포를 쏘아 뜨거운 맛을 보게 하라!"

근위대는 곧 무차별적으로 총과 대포를 쏘아 시위대를 강제로 쫓아냈어요. 그때 시위대 중 400명이 죽고 2000명이 크게 다쳤어요. 그 비통한 소식이 전해지자 백성들은 하늘을 찌를 듯 분노했어요. 곧이어 선동가들이 국왕을 몰아내자는 노래를 지어 이탈리아 곳곳으로 퍼뜨렸어요.

백성들이 분노해 왕실을 무너뜨리려고 한다는 사실을 모르고 있던 움베르토 1세는 오히려 근위대장에게 상을 내리며 칭찬했어요. 그 일로 결국 움베르토 1세는 브레시라는 무정부주의자에게 암살당하고 말았어요. 그가 죽자 왕비인 마르게리타가 왕위를 이어받았답니다.

여왕이 탄생한 것이지요.

그 무렵 이탈리아를 대표하는 서민들의 음식은 피자였는데 그중 나폴리 피자에는 마늘이 무척 많이 들어갔어요. 하지만 이탈리아 귀족들은 마늘이 잔뜩 들어간 피자는 입에도 대지 않았어요.

당시 나폴리에서는 라파엘로 에스포지토라는 사람이 피자 가게를 운영하고 있었어요. 그는 어느 날 여왕이 나폴리를 방문한다는 소식을 듣고는 기발한 생각을 했어요.

'옳거니! 이참에 여왕에게 맛있는 피자를 만들어 드리면 우리 가게가 떼돈을 벌 수 있을 거야.'

피자는 귀족들이 손도 대지 않는 서민 음식이었지만 에스포지토는 여왕을 이용해 가게를 홍보할 작정이었던 거예요. 그는 곧 피자에서 마늘을 빼고, 이탈리아 국기를 상징하는 빨간색 토마토, 하얀색 모차렐라 치즈, 초록색 바젤 잎사귀 등으로 토핑을 만들어 나폴리를 방문한 여왕에게 바쳤어요.

얼마 후 궁으로 돌아간 여왕이 선물로 준 피자를 잘 먹었다는 편지를 에스포지토에게 보냈어요. 에스포지토는 그 편지를 들고 동네방네 돌아다니며 소리쳤어요.

"여러분! 이 편지를 보시오. 여왕 폐하께서 내가 선물한 피자를 드시고는 맛있게 먹었다는 편지를 보낸 것이오."

그때부터 마늘을 빼고 모차렐라 치즈, 토마토, 바젤 잎사귀로만 토핑을 얹은 피자를 마르게리타 여왕의 이름을 따서 '마르게리타 피자'라고 부르게 되었어요. 에스포지토의 피자 가게는 당연히 대박이 났겠죠?

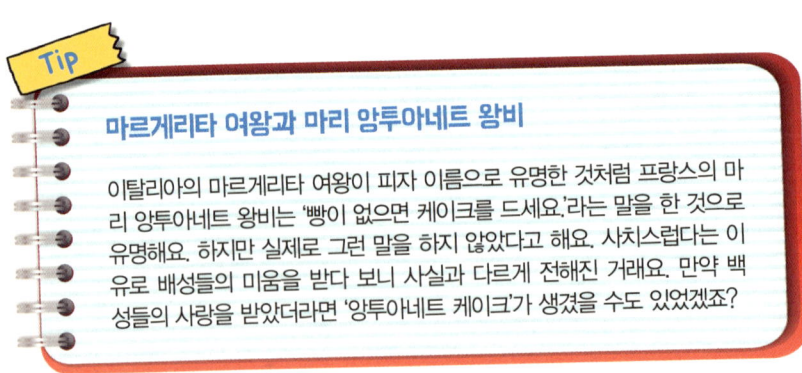

마르게리타 여왕과 마리 앙투아네트 왕비

이탈리아의 마르게리타 여왕이 피자 이름으로 유명한 것처럼 프랑스의 마리 앙투아네트 왕비는 '빵이 없으면 케이크를 드세요.'라는 말을 한 것으로 유명해요. 하지만 실제로 그런 말을 하지 않았다고 해요. 사치스럽다는 이유로 백성들의 미움을 받다 보니 사실과 다르게 전해진 거래요. 만약 백성들의 사랑을 받았더라면 '앙투아네트 케이크'가 생겼을 수도 있었겠죠?

#터키 | Turkey

불쌍한 인디언들과 칠면조

콜럼버스, 바스쿠 다 가마, 마젤란……. 이들의 공통점은 유럽 출신으로 망망대해를 건너 신대륙인 아메리카를 발견했다는 점과 항로를 개척해서 본격적인 국제화 시대를 열었다는 점이에요.

하지만 위인전이나 역사책에 그려진 것처럼 이들이 모험심이 강하고 인류애가 넘치던 위인인 것만은 아니었어요. 오히려 아메리카 대륙 원주민인 인디언들을 협박해서 금을 빼앗던 불량배에 가까운 사람들이었어요. 이들에 비하면 북아메리카로 건너와 미국을 세운 사람들은 그나마 착한 사람들이라 할 수 있지요.

17세기 무렵, 영국에는 엄격한 계율을 정해 놓고 지키는 기독교 종

파가 생겨났어요. 그들은 술과 담배를 멀리했으며 금욕 생활을 했어요. 늘 검은색 옷만 입고 다녔으며 꼭 필요한 말이 아니면 절대 하지 않는다는 계율을 엄하게 지켰답니다. 그래서 스스로를 '순결하게' 지킨다고 해서 '퓨리탄Puritan'이라 했어요. 우리말로 옮기면 '청교도'예요.

하지만 청교도들은 다른 유럽 인들로부터 사이비로 몰려서 '5월의 꽃'이란 뜻의 '메이플라워Mayflower'호를 타고 영국을 떠나 북아메리카 대륙으로 도피했어요. 그 청교도들이 중심이 되어 미국이라는 나라를 세웠던 거예요.

처음 북아메리카에 도착한 청교도들은 새로운 기후와 풍토에 적응하지 못해 수많은 사람이 굶어 죽을 처지였어요. 영국에서처럼 씨앗을 뿌려 곡식을 수확하려 했으나 미처 추수를 하기 전에 갑자기 겨울이 닥쳐 농사를 망쳤던 것이지요. 그러자 이웃 마을의 마음씨 좋은 인디언 추장이 칠면조인 '터키turkey'를 선물로 보내 주었어요. 오랜만에 고기를 실컷 먹을 수 있었던 청교도들은 인디언들에게 고맙다는 인사를 하기는커녕 엉뚱한 생각을 하게 됐어요.

'하느님이 우리를 지켜 주기 위해 먹을 것을 보내 주셨구나. 이것은 우리 청교도들로 하여금 북아메리카 대륙 전체를 차지하라는 계시가 분명해.'

이처럼 보통 사람들의 상식으로는 이해할 수 없는 해석을 하고는 자기들의 목숨을 구해 준 인디언들을 모조리 죽이고 그들의 땅을 빼앗아 미국이라는 나라를 세웠던 거예요.

미국 사람들은 오늘날에도 신이 칠면조를 선물로 주며 '미국 땅을 차지하고 살라고 계시했다.'며 그날을 축하해요. 해마다 11월 넷째 주 목요일에 신에게 감사를 드리는데, 추수 감사절이라고 부르는 '땡스기빙데이 Thanksgiving Day'지요. 그들은 추수 감사절마다 인디언들이 갖다 주었던 '터키 새' 요리를 해서 실컷 먹는답니다.

그런데 왜 미국의 전통 기념일에 '터키'라는 다른 나라의 이름이 붙은 새 요리를 먹을까요?

청교도들이 미국으로 건너오기 훨씬 전의 일이었어요. 이미 남아메리카에 진출한 에스파냐 정복자들은 멕시코의 아즈텍 사람들이 날지는 못하면서 덩치만 큰 새를 키워서 요리해 먹는 것을 보았대요. 바로 칠면조였어요. 칠면조가 닭고기보다 향이 진하고 맛도 더 있으며, 훨씬 많은 양의 고기가 나온다는 것을 알게 된 그들은 칠면조를 유럽으로 가져가 키우기 시작했어요.

처음 칠면조가 유럽에 들어오자 유럽 인들은 이 신기한 새를 뭐라고 불러야 할지 고민했어요. 그때까지 유럽 인들이 먹기에 가장 좋아하던 새는 '뿔닭'이었어요. 뿔닭은 원래 아프리카 서쪽에 있는 마다가스카르 섬에 사는 새인데, 터키 상인들이 이 새를 붙잡아서 유럽 인들에게 팔았다고 해요.

그때 유럽 인들은 이 뿔닭을 그냥 '터키 새'라고 불렀는데 남아메리카에서 들여온 새의 생김새나 맛도 '터키 새'와 비슷했어요. 그래서 그들은 이것도 '터키 새'라 짐작하고 그때부터 칠면조를 '터키turkey'라고 부르기 시작했대요.

영국에서 미국으로 건너간 청교도들도 배에 '터키 새'를 싣고 떠났기 때문에 미국의 칠면조가 오늘날까지 '터키'라는 엉뚱한 나라의 이름으로 불리게 된 거예요. 그러니까 칠면조는 처음부터 유럽에서 북아메리카로 갈 때 가져간 새였지 인디언들에게 선물로 받은 것은 아니었어요.

북아메리카에 살고 있던 인디언들을 죽이고 땅을 빼앗기 위해 칠면조 이야기를 지어 퍼뜨리고 '계시' 이야기를 만들어 낸 것이지요. 그때 인디언들이 얼마나 철저히 말살당했는지, 오늘날 미국에서 원래 그 땅의 주인이었던 인디언의 후손을 거의 찾아보기 힘들 정도랍니다.

#위스키, 보드카 Whisky, Vodka
사람 잡는 생명의 물

만약 유럽의 중세 시대 의사들이 비싼 위스키를 마시는 요즘 사람들을 보았다면 '야만인들'이라며 고개를 절레절레 흔들었을 거예요. 위스키라는 게 원래 '소독약'이었으니까요.

지금으로부터 약 600년 전, 중세 유럽에는 병원이 없었어요. 사람들은 병에 걸리면 가까운 수도원으로 달려갔어요. 유럽의 수도원들은 높은 산꼭대기에 있었기 때문에 약초를 구하기 쉬웠어요. 그래서 수도승 중에는 약술을 연구하는 데 평생을 보내는 사람이 많아서 약초로 약을 만드는 여러 비법들을 알고 있었지요.

그 결과 알코올을 만들게 되었으며 알코올을 상처에 바르면 곪지 않고, 사람에게 먹이면 마취 효과도 있다는 것을 알게 되었어요. 그래서 알코올이 수많은 사람의 목숨을 구해 준 고맙고 유용한 물질이라고 해서 '생명의 물'이라 불렸답니다.

'생명의 물'을 만드는 비법은 수도원에서 수도원으로 전해졌으며 국경을 넘어 영국 북쪽에 있는 스코틀랜드에까지 알려졌어요. 그때 스코틀랜드 어로는 '생명의 물'이라는 단어가 '우스케 베아다'라고 발음되었어요. 그러다가 지금처럼 '위스키whisky'라고 발음하게 되었어요.

그 무렵 스코틀랜드 사람들은 약이 필요하면 수도원으로 달려갔고, 수술이 필요하면 이발소로 갔어요. 이발사가 수술을 한다는 게 위험천만한 이야기로 들리겠지만, 당시에는 의료 기관이 별로 없어서 그나마 면도날과 가위가 손에 익은 이발사가 수술을 해 주어야 마음이 놓였대요. 그래서 스코틀랜드에서는 수도원뿐만 아니라 이발사 협회에서도 수술에 필요한 위스키를 대량으로 만들기 시작했어요.

덕분에 이발소에 가면 누구나 위스키를 쉽게 살 수 있었지요. 그리고 수도승들만 알코올로 술을 만들 수 있었던 다른 나라와 달리 스코틀랜드에는 위스키가 흔했어요. 스코틀랜드 기사들은 힘든 전투가 끝나고 몸이 여기저기 쑤시고 아플 때 위스키를 쉽게 구해 마시곤 했어요. 그러다 위스키를 마시면 고통이 무뎌진다는 것을 알게 되었어요.

그래서 원래 소독약으로 발명된 위스키를 벌컥벌컥 마시기 시작했어요. 이것이 세계적으로 유명한 '스카치 위스키'의 탄생 배경이랍니다. 그 뒤 스카치 위스키는 귀족 클럽이나 비즈니스맨들이 모이는 고급 술집의 단골 메뉴로 사랑받고 있어요.

스카치 위스키가 탄생할 무렵, 러시아에도 '생명의 물'이 전해져 러시아 민속주인 보드카가 탄생했어요.

14세기 무렵, 이탈리아에는 제노아라는 작은 도시 국가가 있었어요. 제노아 사람들은 세계 곳곳으로 돌아다니며 돈 벌 기회를 노렸어요. 그래서 중세에는 어느 나라에 가든 꼭 제노아 민속 마을이 있을 정도였답니다.

당시 러시아 민족은 칭기즈 칸의 후예인 몽골족 때문에 날마다 두려움에 떨고 있었어요. 그러던 1350년 무렵, 모스크바의 공작이 된 드미트리는 군사 5만 명을 거느리고 몽골 추장 마마이의 10만 대군과 맞서 싸워 큰 승리를 거뒀어요. 이때 모스크바에 살던 제노아 사람들이 '생명의 물'을 드미트리 공작에게 선물했고, 이를 소독약과 마취제로 사용해 부상병을 치료했어요.

드미트리 공작은 곧 약제를 잘 만들기로 유명한 이시도르라는 수도승에게 '생명의 물' 제조법을 배우라고 했어요. 이때부터 러시아에 매우 독한 술을 마시는 전통이 생겼어요. 러시아 사람들은 술을 끓여서 생긴 이슬을 받아 만들었다고 해서 이 술을 '작은 물', 즉 '보드카'라 불렀다고 해요.

모든 독주가 그런 것처럼 위스키나 보드카도 많이 마시면 목숨을 잃게 된대요. 종교인들이 생명을 구하려고 만든 '생명의 물'이 사람을 죽일 수도 있는 독주로 발전했으니 참 아이러니한 일이 아닐까요?

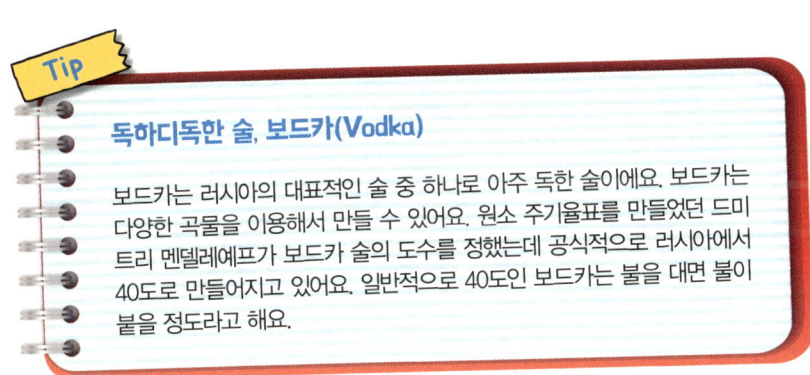

독하디독한 술, 보드카(Vodka)

보드카는 러시아의 대표적인 술 중 하나로 아주 독한 술이에요. 보드카는 다양한 곡물을 이용해서 만들 수 있어요. 원소 주기율표를 만들었던 드미트리 멘델레예프가 보드카 술의 도수를 정했는데 공식적으로 러시아에서 40도로 만들어지고 있어요. 일반적으로 40도인 보드카는 불을 대면 불이 붙을 정도라고 해요.

조승연이 들려주는 재미있는 인문학
사회 & 경제

luxury

Money

Peru

Dutch Pay

Client

Prestige

Thank you, Please

Manager

Pretty, Cute

Designer

Tuning

Magic

Privac

Lady, Husband

Text

Romance

Mother, Metro

Royal Road

Humanity

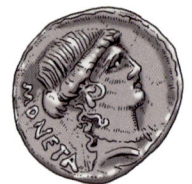

#머니 Money
모네타 신전에서 생긴 돈

우리나라에서는 전통적으로 안방마님이 곳간 열쇠를 쥐고 가정의 경제를 이끌어 갔어요. 남자보다 여자가 살림을 꼼꼼하게 잘할 것이라고 생각한 때문이겠죠? 옛날 로마 제국에서도 곳간의 열쇠는 여신이 쥐고 있었어요. '아버지 신' 유피테르는 왕과 같은 최고 권력자였고, 그의 아내이자 '어머니 신'인 유노는 나라의 재산을 관리했지요. 그래서 로마에는 어머니 신을 모시는 '유노 모네타Juno Moneta' 신전이 있었는데, 이 신전의 이름에서 '돈'을 뜻하는 단어 '머니money'가 유래했다고 해요.

명언 중에 '로마는 하루아침에 이루어지지 않았다.'라는 말이 있어요. 로마가 세계를 제패한 제국이 될 때까지 수없이 많은 위험한 고비를 넘겨야 했다는 뜻이에요.

　로마가 아직 작은 도시 국가였을 때인 기원전 400년 무렵에 갈리아 족이라는 무서운 종족이 로마로 쳐들어왔어요. 로마가 강대국으로 크기 전에 그 싹을 짓밟아 버리기 위해서였지요. 갈리아 족이 알프스 산을 넘어 로마로 들어온다는 소식을 듣고 시민들은 도망치기에 바빴어요. 위협적인 갈리아 족을 도시 국가인 로마가 막아 내는 것은 힘들어 보였기 때문이었어요. 갈리아 족은 목에 밧줄 하나만 달랑 묶은 벌거숭이 몸으로 나타나 적을 뭉툭한 몽둥이로 잔인하게 때려죽이는 야만적인 전사들이었으니까요.

　로마 시민들이 두려워하며 모두 도망치고 있을 때 집정관인 마르쿠스 만리우스만큼은 로마를 반드시 지켜 내겠다며 적과 싸울 준비를 했어요. 만리우스는 정예 부대를 이끌고 유피테르 신전이 있는 카피톨리누스 언덕 위의 초소로 올라가 방어전을 펼쳤어요. 그 언덕은 경사가 심해 군사들이 기어오르거나 공격하기가 매우 힘들었어요. 갈리아 군사들은 하는 수 없이 언덕 아래에 진을 치고 로마 군을 감시했어요. 공격할 기회를 엿보며 호시탐탐 기다리는 것이었지요.

　이런 대치 상태가 며칠이고 계속됐어요. 갈리아 군을 감시하느라 밤을 지새운 만리우스는 너무 피곤한 나머지 자기도 모르게 깜빡 잠이 들고 말았어요. 이 정보를 알아낸 갈리아 군사들은 어둠과 정적을 방패 삼아 맨손으로 가파른 절벽을 기어올랐어요. 그때였어요. 만리우스 대신 갈리아 병사들을 감시하던 유노 여신이 급히 자기가 기르던 거위를 카피톨리누스 언덕으로 보냈어요.

얼마 후 거위가 꽥꽥거리며 시끄럽게 울자 만리우스는 잠에서 깨어나 갈리아 군사들이 절벽을 기어오르고 있는 걸 발견했어요. 만리우스는 이제 막 꼭대기에 도착한 갈리아 군사들을 번쩍 들어 그 아래로 기어오르던 군사들을 향해 던졌어요. 그 때문에 갈리아 군사들은 도미노처럼 우르르 절벽에서 떨어졌고, 만리우스는 나라를 구한 영웅이 되었어요.

그 뒤 만리우스는 유노 여신의 은혜를 갚기 위해 카피톨리누스 언덕 위에 있던 자신의 집을 유노를 모시는 신전으로 바쳤어요. 로마 사람들은 이 신전을 '유노가 우리를 지켜봐 준다.', 즉 '모니터 해 준다.'라는 뜻에서 '유노 모네타 신전'이라고 불렀어요.

로마 시민들은 나라의 돈을 훔치는 자가 있는지, 쓸데없는 곳에 돈을 낭비하지는 않는지 유노의 여신이 잘 살펴볼 것이라고 믿고 유노 모네타 신전에서 돈을 찍어 냈어요. 그 뒤 '모네타Moneta'라는 말이 바뀌어 지금처럼 '머니money'라고 불리게 되었답니다.

이처럼 고대 로마 인들은 아버지 신 유피테르의 엄격한 법과 어머니 신 유노의 알뜰한 살림 덕분에 로마가 번창하는 것으로 믿었어요. 또한 남자들의 무모한 모험심과 여자들의 현명한 실용성이 합쳐져야 가정과 인생이 발전한다고 믿었답니다.

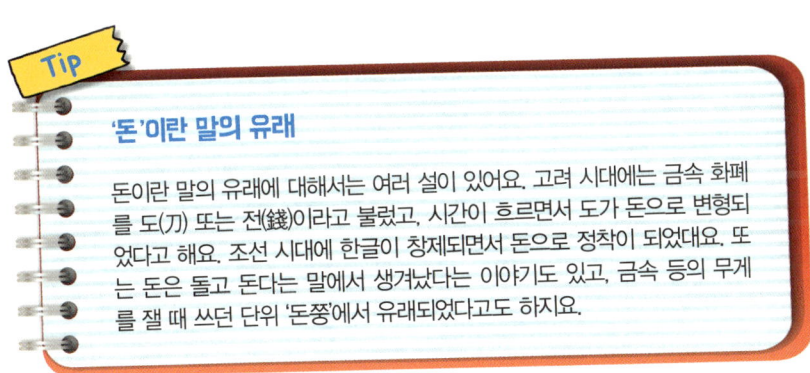

'돈'이란 말의 유래

돈이란 말의 유래에 대해서는 여러 설이 있어요. 고려 시대에는 금속 화폐를 도(刀) 또는 전(錢)이라고 불렀고, 시간이 흐르면서 도가 돈으로 변형되었다고 해요. 조선 시대에 한글이 창제되면서 돈으로 정착이 되었대요. 또는 돈은 돌고 돈다는 말에서 생겨났다는 이야기도 있고, 금속 등의 무게를 잴 때 쓰던 단위 '돈쭝'에서 유래되었다고도 하지요.

#더치페이 Dutch Pay

네덜란드 인의 상술과 더치페이

한때 우리나라 사람들은 세계 최고의 군사 강국이자 경제 대국인 미국인들을 '양키'라며 얕보았어요. 그런가 하면 세계 3대 경제 대국인 일본 사람을 '쪽바리'라고 비웃었고, 15억 인구를 자랑하는 중국 사람을 '짱꾸어'라고 놀리기도 했지요.

세계의 모든 나라에는 이처럼 이웃 나라를 무시하거나 얕보는 모습들이 나타나곤 해요. 영국에서도 이웃 나라를 비웃는 표현이 많은데 그중 하나가 바로 '더치페이Dutch pay'예요.

이때의 '더치Dutch'는 풍차와 튤립의 나라로 유명한 '네덜란드'를 가리켜요. 그런데 더치는 독일을 뜻하는 '도이칠란드Deutschland'의 '도

이치 Deutsch'와 같은 뜻이에요. 영국인들은 왜 바로 이웃 나라의 이름까지 마음대로 바꿔치기했을까요? 이는 네덜란드를 뜻하는 '더치Dutch'라는 단어가 생길 무렵, 유럽에는 독일이라는 나라가 없었기 때문이에요.

네덜란드 인들은 작은 나라에서 살았지만 장사 수완이 뛰어난 사람들이었어요. 그래서 17세기 초부터 세계 금융의 중심국으로 성장했으며, 당시 유럽 최고의 대기업을 가지고 있던 나라였어요. 그 회사는 '네덜란드 동일도연합회사VOC'라는 이름의 무역상사로 네덜란드 인의 자랑거리였어요. VOC 한 회사가 소유한 배만 해도 영국, 프랑스, 에스파냐의 모든 기업이 가진 무역선을 전부 합친 것보다 많았다니 얼마나 큰 회사였는지 짐작할 수 있지요.

네덜란드 인들은 예로부터 인정사정 봐 주지 않는 타고난 장사꾼들로 유명했어요. 네덜란드가 전 세계를 시장 삼아 큰돈을 벌자 영국도 한발 늦게 무역 사업에 뛰어들었어요. 선발 주자였던 네덜란드는 자기 영역을 침범해 오는 영국이 눈엣가시와 같았어요. 무역 시장에서 두 나라는 서로 경쟁을 벌이느라 잠잠할 날이 없었답니다.

미국이라는 나라가 건설되어 영토를 점점 넓혀 나가던 때 이야기예요. 그 무렵, 영국인들이 미국에 진출해 보스턴 항구를 세웠어요. 보스턴의 남쪽으로는 이미 '뉴암스테르담'이라는 네덜란드 인들이 세운 도시가 있었지요.

그런데 영국인들은 뉴암스테르담을 세운 네덜란드 인들의 세련된 사업 스타일을 보며 부러워하면서도 질투했어요. '저놈들 때문에 우리가 못살겠다.'고 생각한 영국인은 총과 대포를 앞세워 뉴암스테르담을 공격했어요. 치열한 싸움 끝에 그 도시를 점령한 영국인들은 도시 이름마저 영국의 도시 중 하나인 '요크York'의 이름을 따 아예 뉴욕으로 바꿔 버렸지요.

이렇게 영국과 네덜란드의 사이가 껄끄러운 역사가 있었던 탓에 오늘날에도 영어에 'Dutch-'가 붙은 단어는 대부분 나쁜 뜻으로 쓰이고 있어요.

영국인들은 네덜란드 인들이 타고난 구두쇠라 밥을 먹자며 손님을 불러 놓고도 자기 밥값만 내고 나가는 사람들이라고 비꼬았어요. 그래서 이렇게 인색한 것을 '네덜란드 식 접대Dutch treat'라고 했으며, 이 말이 발전해서 더치페이란 말이 생겼답니다.

또한 호텔을 이용하다가 불편함을 느낄 때면 그런 상황을 '네덜란드 식 편리Dutch comfort'라고 부르며 비꼬았어요. '네덜란드 식 편리'란 네덜란드 사람들이 워낙 구두쇠라서 호텔에 푹신한 침대나 깔끔한 세면 시설 등을 절대 설치할 리 없다는 뜻으로 비꼬는 말이에요. 이 밖에도 Dutch-가 들어가는 표현이 많은데 대부분 네덜란드를 낮춰 보는 의미로 쓰이고 있어요.

영국인들은 네덜란드 인뿐만 아니라 프랑스 인도 야하고 저질적인 사람들이라고 여겼어요. 그래서 프랑스를 뜻하는 '프렌치French'도 좋지 않은 의미로 쓰인 것이 많아요.

이처럼 이웃 나라를 낮춰 말하는 것은 대부분 국가의 공통적인 풍습으로 볼 수 있어요. 긴 세월 속에서 이웃하며 서로 부대끼고 다투어 온 역사 때문일 거예요.

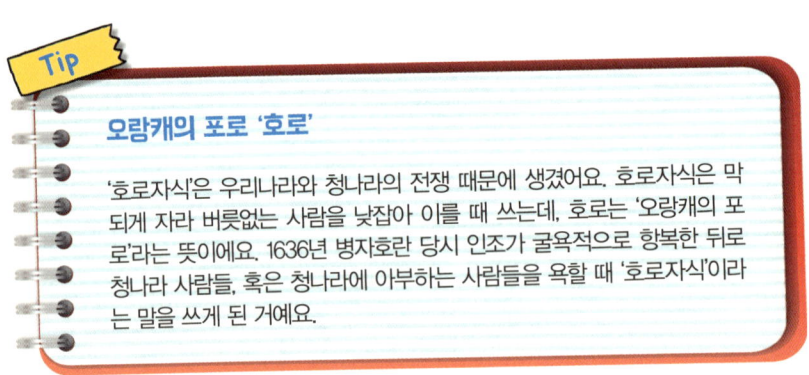

오랑캐의 포로 '호로'

'호로자식'은 우리나라와 청나라의 전쟁 때문에 생겼어요. 호로자식은 막되게 자라 버릇없는 사람을 낮잡아 이를 때 쓰는데, 호로는 '오랑캐의 포로'라는 뜻이에요. 1636년 병자호란 당시 인조가 굴욕적으로 항복한 뒤로 청나라 사람들, 혹은 청나라에 아부하는 사람들을 욕할 때 '호로자식'이라는 말을 쓰게 된 거예요.

#프레스티지 Prestige

마술 쇼로 반란을 막다

　보통 학식이나 권력, 경제력 등으로 남들이 부러워할 만큼의 두각을 나타내는 사람을 '프레스티지prestige'가 있다고 해요. 비행기에서도 가장 비싸고 넓은 좌석을 '프레스티지급 좌석'이라고 하고요, VIP 카드나 상품도 '프리스티지'라고 표현하는 경우가 많지요.

　그렇다면 과연 세상에서 가장 프레스티지가 있는 직업은 무엇일까요? 단어의 유래를 찾아보면 바로 마술사라고 할 수 있어요. 먼 옛날 '프레스티지'는 '마술 쇼'를 뜻하는 단어였기 때문이에요.

　역사상 가장 유명한 마술사는 후디니였어요.

　1912년 뉴욕의 어느 강변. 후디니는 관람객들이 지켜보는 가운데

수갑과 족쇄를 찬 채 조그만 나무통 속으로 들어갔어요. 잠시 후 그 나무통은 강 속으로 던져졌지요. 그런데 약 1분이 지나고 후디니는 마치 아무 일도 없었던 듯 강 위로 머리를 드러냈고, 강변을 메운 관중들은 열렬히 환호했어요. 후디니의 마술 쇼를 보려고 구름처럼 몰려든 사람들은 긴장감 도는 마술 쇼에 넋을 잃을 정도였어요.

이처럼 난이도 높은 위험한 마술 쇼로 세계적인 명성을 얻은 후디니였지만 그도 마술 쇼의 원조는 아니었어요. 후디니가 마술 쇼를 유행시킨 사람이라면, 진정한 원조는 프랑스의 로베르 우댕이었어요.

원래 우댕은 프랑스 시골 마을에서 명품 시계를 만들던 장인이었어요. 하루는 그가 서점에서 시계 만드는 방법이 담긴 새 교재를 사왔어요. 하지만 집으로 돌아온 우댕은 책을 포장했던 종이를 풀어 보고는 마구 화를 냈어요. 서점의 점원이 시계 교재 대신 마술 교재를 포장해 주었기 때문이지요.

우댕은 한참 혼자 화를 내다가 문득 호기심이 생겼어요.

'마술 교재? 흐흠! 이 기회에 간단한 마술이나 배워 볼까?'

우댕은 마술 교재를 읽으며 점점 마술에 흥미가 생겼고, 나중에는 교재에 적힌 대로 연습을 해 보니 더욱 재미있고 갈수록 실력도 부쩍 늘었어요. 그래서 우댕은 시계를 만들면서도 틈만 나면 길거리로 나가 자신이 익힌 마술을 사람들에게 보여 줬지요.

결국 마술의 매력에 완전히 빠져든 우댕은 지금까지의 단순한 눈속임보다 더 멋진 마술을 보여 주고 싶은 욕심이 생겼어요. 그래서 아예 수도인 파리로 이사를 가서 극장을 빌렸어요. 우댕은 시계를 만들면서 익힌 기술로 톱니바퀴, 철사, 용수철 같은 것들을 응용해 새로운 마술 도구들을 만들었어요.

우댕이 마술 쇼를 시작하자 수많은 사람이 극장으로 몰려들었어요. 그는 그때까지 어떤 마술사도 시도하지 않았던 획기적인 마술을 선보여 큰 박수를 받았어요. 당시 그가 쇼에서 썼던 몸통이 아주 긴 모자와 저고리의 뒤가 제비의 꼬리처럼 두 갈래로 내려온 연미복은 전통으로 남아 오늘날의 마술사들 역시 종종 비슷한 의상을 입곤 해요.

우댕의 신기한 마술 쇼에 대한 소문을 듣게 된 프랑스 황제 나폴레옹 3세는 당장 그를 궁전으로 불러들였어요. 그 당시 프랑스는 북아프리카로 쳐들어가 오늘날의 알제리 지역을 정복했어요. 마술이 유명해지자 알제리에서도 마술을 이용하기 시작했어요. 알제리의 독립운동가들은 국민들에게 마술을 보여 주면서 '이것이 프랑스 인들을 쫓아내라는 알라의 계시'라고 선동했어요. 이에 감명을 받은 알제리 인들에은 곧 여기저기서 반란을 일으켜 프랑스 군을 괴롭혔어요.

나폴레옹 3세는 알제리 독립운동가들에게 경고했어요. '프랑스에는 정말 대단한 실력을 가진 마술사가 있으니 더 이상 반항하지 말라.'는 거였어요. 그리고 우댕에게 말했어요.

"알제리가 마술 쇼를 앞세워 우리에게 저항하고 있소. 그대가 알제리 마술사들과 겨뤄 다시는 저항하지 못하게 혼내 주시오."

우댕은 알제리로 가 대결을 벌였는데 그때 보여 준 공연 중 하나가 '이로 총알 잡기' 마술이었어요. 그 뒤 알제리에서는 프랑스 마술사들은 총알도 멈출 수 있다는 소문이 돌았고, 이에 기가 질린 알제리 사람들은 아예 독립운동을 포기하고 프랑스에 복종했대요.

우댕이 살던 시대만 해도 일반인들은 마녀를 몹시 두려워했어요. 그래서 '주술'을 뜻하는 '매직magic'이라는 단어는 함부로 입에 올리지도 못했어요. 그런 까닭에 마술 쇼를 '매직 쇼magic show'라 하지 못하고 '눈앞을 묶는다'는 뜻의 '프레스티지prestige'라고 했어요. 관중들의 눈을 가볍게 속인다는 뜻이지요. 또 '빠르다'를 뜻하는 '프레스토presto'와 '손가락'을 뜻하는 '디지트digit'를 합쳐 만든 단어라는 주장도 있어요.

아무튼 본래 '눈속임'을 뜻하던 '프레스티지'는 시간이 지나 지금처럼 '위상'이나 '위신'을 뜻하는 단어로 변했대요.

#럭셔리 Luxury

뼈가 삔 바람둥이

키가 크고 잘생긴 남자를 보면 "와! 저 사람 핸섬하네!"라고 하지요. 이처럼 잘생긴 남자를 가리키는 '핸섬handsome'은 본래 '손에 쏙 들어간다.'라는 뜻이었어요. 옛날에는 손수레나 도구 등이 잘 만들어져 손에 잘 잡힐 때 '핸섬'하다고 했대요. 그러다가 잘생긴 남자를 가리킬 때도, 손에 꼭 맞게 잘 만들어진 도구처럼 좋다는 뜻으로 핸섬하다는 단어를 사용한 거예요.

그리고 처음에는 나쁜 뜻으로 쓰이다가 훗날 좋은 뜻으로 바뀐 단어들도 많은데 그중 하나가 '럭셔리luxury'예요. 이 말은 원래 '바람났다'는 뜻이었는데 지금은 '고급스럽다'라는 의미로 뜻이 바뀌었어요.

본래 럭셔리는 '럭서스luxus'란 말에서 비롯되었어요. 럭서스는 '뼈가 삐었다'는 뜻이었어요. 실제로 뼈가 삐었다는 게 아니라 사회가 받아들일 수 없이 비뚤어졌다는 것을 일컫는 말이었지요.

고대 로마 인들의 생활을 다룬 영화를 보면 벌거벗고 목욕탕에 앉은 귀족들이 노예에게 마사지를 받거나 비스듬히 드러누워 포도주를 마시는 장면이 나와요. 하지만 이런 장면은 영화나 그림에서 그려질 뿐 실제의 로마 인들은 엄격한 생활을 했다고 해요.

로마 인들은 아무리 배가 고파도 밥을 허겁지겁 먹지 않았고, 과식하지 않고 굶어 죽지 않을 정도로 적게 먹었어요. 추운 날에도 절대로 옷을 껴입거나 덜덜 떠는 모습을 남에게 보이지 않았고, 살림이 넉넉하더라도 푹신한 고급 가구를 들여놓는 것을 사치라고 여기는 생활을 했대요.

이런 로마 인의 엄격한 생활 때문에 주변국 사람들은 로마 인들을 정말 독한 사람들이라며 고개를 절레절레 저었어요. 이처럼 고대 로마 인들은 따뜻한 옷이나 이불을 찾는 사람, 밥을 배불리 먹으려는 사람들을 '뼈가 삐듯이 가치관이 삐딱한 사람'이라는 뜻에서 '럭서스한 사람'이라고 불렀어요.

하지만 세계를 정복했던 로마가 차츰 쇠퇴하자 로마의 길거리에는 거지들이 들끓었고, 사이비 종교 집단끼리 싸움이 일어나기도 했어요. 야만족들이 쳐들어와 농촌을 함부로 약탈해도 로마 정부는 거들떠보기는커녕 자기들끼리 싸우느라 바빴답니다.

이 무렵, 에바그리우스라는 괴팍한 수도승이 나타나 '고통의 원인'에 대해 설교했어요. 사람들의 가치관이 잘못되어 '럭셔리'가 판을 치니 세상이 흉흉해졌다고 말이에요.

그 후 지금으로부터 약 400년 전 프랑스의 베르사유 궁전에는 아르젠송이라는 백작이 살았어요. 그는 늘 백성을 걱정하는 훌륭한 사람이었지만 그와 가까운 귀족들은 나라에는 관심이 없었어요. 그들은 나라가 망하든 말든 매일 사치와 낭비를 일삼았어요.

아르젠송 백작은 그런 귀족 친구들에게 편지를 보냈는데 그 내용은 "자네 같은 귀족들이 '절제 없는 인생Vie de luxe'을 사니 나라가 위태롭다."는 것이었어요. 하지만 그의 친구들은 편지에 아랑곳하지 않고 오히려 더욱 사치스러운 생활을 즐겼어요.

이때 화려한 옷과 신발, 마차를 파는 상인들은 자기들의 상품에 '절제 없는 인생'의 마지막 부분을 따서 '디럭스deluxe 상품'이라는 문구를 붙여 손님을 끌었어요. 이때부터 디럭스 또는 럭셔리라는 단어가 '고급'이라는 뜻으로 바뀌었대요.

#클라이언트 Client

허리를 굽히던 손님들

TV 드라마를 보면 멋진 사무실에서 존경받으면서 일하고 돈도 잘 벌 것 같은 의사, 변호사, 건축가 등 전문직에 몸담고 있는 주인공을 쉽게 볼 수 있어요. 하지만 설문 조사를 해 보았더니 그런 전문직 종사자들의 행복 지수는 평균 정도라고 해요. 미용 치료사나 한복 만드는 사람보다 전문직 종사자들의 직업 만족도가 더 낮다는 결과도 있지요.

언제부터인지 우리나라의 전문직 종사자들은 고객을 '클라이언트 client'라고 부르곤 했어요. '손님'이라는 말보다 뭔가 전문적인 느낌이 드는 단어라고 여겨지고 있어요.

전문직 종사자들은 많은 비용을 지불하는 클라이언트의 까다롭고 어려운 요구를 들어주는 직업이다 보니 자연히 스트레스를 많이 받아요. 그러니 그들의 행복 지수가 별로 높지 않은 것이지요.

그런데 클라이언트란 말은 원래 '허리를 굽히는 사람', 즉 '아랫사람'을 뜻하는 단어였대요. 콧대 높은 전문직 종사자들이 어쩌다가 아랫사람이며 허리를 굽히는 사람이던 클라이언트에게 오히려 허리를 굽히게 되었을까요?

먼 옛날 이탈리아 인들은 마을 한가운데에 모닥불을 피워 놓고 꺼뜨리지 않기 위해 많은 정성을 기울였어요. 그들은 모닥불이 꺼지면 나라도 망한다고 철석같이 믿었기 때문에 모닥불을 신과 같이 여겼어요. 그래서 모닥불이 꺼지지 않도록 항상 살펴보고 지키는 처녀를 따로 둘 정도였지요. 그 일을 하는 여자를 '베스타의 처녀'라고 불렀는데 그녀들은 신성한 불을 지키며 평생 혼자 살 것을 맹세해야만 했어요.

아물리우스라는 왕이 나라를 다스릴 때였어요. 그는 조카인 실비아를 윽박질러 베스타의 처녀로 만들었어요. 실비아가 나중에 결혼하여 아들을 낳으면 그 아들이 반란을 일으켜 자기를 죽일지 모른다고 여겼기 때문이에요.

하지만 왕의 의도와 달리 베스타의 처녀였던 실비아가 어느 날 임신을 했어요. 당시 베스타의 처녀가 아이를 가지게 되면 사형을 시켜야만 했어요. 그러나 그만 마음이 약해진 아물리우스가 신하들에게 명했지요.

"내가 차마 조카인 실비아를 죽일 수가 없구나. 그러니 지금은 실비아를 가둬 놓았다가 나중에 아이를 낳으면 그 애를 먼 곳으로 내다 버려라."

실비아는 얼마 후 건강한 쌍둥이를 낳았어요. 그 아이들의 이름은 로물루스와 레무스였어요. 실비아가 쌍둥이를 낳았다는 소식을 듣고 아물리우스 왕은 곧바로 그 아이들을 먼 강가로 데려가 버리게 했어요. 모두 쌍둥이가 죽을 거라 생각했지만 야생 늑대 한 마리가 버려진 쌍둥이들을 자신의 동굴로 데려가 젖을 먹여 키웠어요.

그런데 결국 레무스는 죽고 로물루스만이 살아남아 나중에 도시를 세우게 됐어요. 그 도시의 이름은 로물루스의 이름에서 비롯한 '로마'였어요. 로마는 사람들이 예상한 것보다 빠르게 발전했으며 인구도 급속히 늘어났어요. 로물루스는 혼자만의 힘으로는 커다란 로마를 제대로 다스릴 수가 없게 되자 시민들 중 능력이 뛰어난 사람 100명을 뽑아 정치를 맡겼지요.

로마가 건설되던 시기에는 아직 정치라는 개념이 없었어요. 그래서 로물루스는 그 100명이 맡게 될 역할을 알기 쉽게 설명할 방법이 없을까 고심했어요. 그리하여 그는 '로마의 모든 시민들을 친아들처럼 보살피는 사람'의 역할을 맡기고 그들을 '아버지들'로 부르게 했지요. 그때 라틴 어로 아버지는 '페이터pater'였고, '아버지들'은 '페이트론patron'이었어요. 오늘날 페이트론은 영어로 예술가나 자선 단체, 정당의 후원자라는 단어로 쓰이고 있어요.

로물루스의 선택을 받은 100명의 '페이트론'은 오전이면 대문을 활짝 열어 놓았어요. 나라에 건의할 의견이 있거나 목돈을 빌려야 할 사람, 공정한 판결이 필요한 사람들이 찾아와 고민거리를 해결할 수 있게 한 거예요. 로마 시민들은 이 페이트론에게 머리 숙여 예의를 갖추었어요. 그래서 페이트론에게 민원을 들고 찾아가는 시민들을 '절하는 사람'이란 뜻에서 '클라이언트'라고 불렀지요.

페이트론에 뽑힌 100개 가문의 자손들은 유럽 귀족 사회의 뿌리가 되었어요. 그리고 귀족은 아버지가 아들을 돌봐 주듯 평민을 챙겨 주고, 평민들은 귀족을 아버지처럼 섬기는 '페이트론-클라이언트'의 관계가 로마 사회의 기본적인 시스템처럼 자리 잡았어요.

그러면 절하는 사람이었던 클라이언트는 어떻게 지금처럼 '고객'의 대우를 받게 된 것일까요? 로마 시대의 페이트론이 클라이언트에게 베풀었던 가장 중요한 일은 억울한 클라이언트 대신 법정에 서 주는 일이었어요. 그때는 평민이나 노예, 이방인들은 피해를 당해도 고소를 하거나 스스로를 변호하지 못해 법에 호소할 수가 없었어요. 그래서 '아버지들'인 페이트론이 그들 대신 법정에 서서 재판을 했어요.

그 뒤 돈을 받고 대신 법정에 서 주는 변호사라는 전문 직업이 생겼어요. 그렇게 되자 클라이언트라는 말은 '변호사의 의뢰인'으로 그 뜻이 바뀌었어요. 이후 클라이언트라는 말이 다른 전문직 종사자들에게도 퍼져 차츰 고객을 클라이언트라 부르게 된 것이에요. 그래서 원래 '허리를 굽히던 사람'이 '허리를 굽히게 만드는 사람'으로 변했다고 해요.

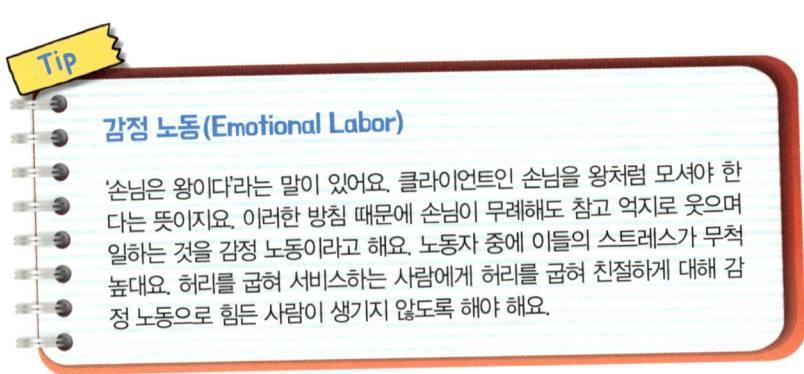

감정 노동(Emotional Labor)

'손님은 왕이다'라는 말이 있어요. 클라이언트인 손님을 왕처럼 모셔야 한다는 뜻이지요. 이러한 방침 때문에 손님이 무례해도 참고 억지로 웃으며 일하는 것을 감정 노동이라고 해요. 노동자 중에 이들의 스트레스가 무척 높대요. 허리를 굽혀 서비스하는 사람에게 허리를 굽혀 친절하게 대해 감정 노동으로 힘든 사람이 생기지 않도록 해야 해요.

#매니저 Manager

말의 고삐를 쥔 매니저

우리나라에서는 과거에 사농공상이라 해서 순서대로 귀천을 나눠 상업, 즉 장사하는 사람을 몹시 천대했어요. 유럽에서도 기도하는 자, 싸우는 자, 농사짓는 자 이렇게 세 계급으로 나누고 상인은 아예 계급 안에 포함시키지도 않았어요.

중세 때의 그레고아 드 튀르라는 수도승은 이런 기록을 남기기도 했어요.

'상인은 절대로 우리와 함께 천국에 갈 수 없는 더러운 존재이기 때문에 감히 사회 계급에 포함하지 않는다.'

하지만 현대 사회에는 상인과 기업가들이 경제를 움직이는 중요한 직업으로 주목받고 있어요. 특히 비즈니스맨의 임원급인 '매니저manager'는 많은 사람이 바라는 직업이기도 해요. 요즘엔 서빙을 하는 여종업원부터 인터넷이나 휴대 전화 같은 것을 개통해 주는 기술자들까지 웬만하면 다 '매니저'라고 부를 정도가 되었어요. 사람들에게 무시당하던 상업이 점차 중요해지면서 비즈니스맨들이 스스로를 '상인'이라고 부르지 않고 '매니저'라고 부르기 시작한 거지요.

매니저라는 단어는 본래 '말을 타다'라는 뜻이었어요. 옛날 유럽의 귀족 계급이었던 기사가 고삐를 잡으면 자기보다 몸집이 큰 말도 마음껏 부릴 수 있었고, 이런 모습은 매우 명예로운 행동을 의미했어요. 라틴 어로 '손'을 뜻하는 '마노mano'에서 '말을 다룬다'는 '매니지manage'란 말이 비롯되었어요. 이 용어는 스스로를 꼭 붙들어 다른 사람 앞에서 흐트러진 모습을 보이지 않는다는 '매너manner', 손에 항상 들고 다니는 책인 '매뉴얼manual'과 같은 어원을 가지고 있어요.

따라서 '매니저'는 지금처럼 장사꾼을 가리키는 게 아니라 원래는 기사가 말을 잘 다스리는 것처럼 '귀족적인 일을 하면서 조직을 다스리는 사람'이란 뜻이었어요.

매니저의 뜻이 지금처럼 비즈니스맨을 뜻하게 된 것은 영국 시인 드라이든과 관계가 있어요. 드라이든은 『걸리버 여행기』를 쓴 조나단 스위프트의 사촌이었어요. 지금은 조나단 스위프트가 좀 더 유명하지만 당시에는 이름 없는 작가였고, 무명작가 스위프트에 비해 드라이든은 영국 최고의 작가로 손꼽힐 만큼 유명했어요.

드라이든은 귀족 가문의 아들이었고, 수월하게 케임브리지 대학에 들어갈 수 있었어요. 졸업한 뒤에는 아버지의 도움을 받아 지금의 국무총리실 같은 곳에 취직했어요. 그리고 새로운 왕이 즉위하자 왕을 칭송하는 시집을 잔뜩 펴낸 덕에 왕의 총애를 받아 왕립학회로 자리를 옮겼고, 왕실 공식 시인이라는 명예도 얻었어요.

영국의 왕은 나랏일은 뒷전이고 매일처럼 사치스러운 프랑스 식 파티를 여는 데 여념이 없었어요. 프랑스로 유학을 다녀왔던 왕은 "프랑스인들은 모두 『일리아드』, 『오디세이』, 『아이네이스』 등 그리스·로마 고전을 읽어서 대화 수준이 높은데, 영국인들은 무식해서 말이 통하는 사람이 하나도 없다."며 짜증을 냈대요.

드라이든은 그 말을 듣고 바로 왕이 말한 고전을 영어로 번역해 많은 영국인들에게 읽히겠다며 어마어마한 연구비를 받아 챙겼어요.

얼마 후 드라이든은 고전을 번역하던 중 '철저히 운영하고 관리한다.'라는 뜻의 영어 단어가 없다는 것을 발견하고 당황했어요. 그래서 그냥 '비즈니스를 한다.'라고 쓰려다가 조금 고상하게 '말의 고삐를 쥔

다.'는 뜻을 가진 이탈리아 어 '마네지아레maneggiare'를 찾아냈어요. 드라이든은 이 말을 '매니지먼트management'라는 영어로 바꿨어요.

그 뒤로 기업을 운영하는 사람들은 자신을 '고삐를 쥐고 말을 다스릴 줄 아는 기사처럼 조직의 고삐를 쥐고 있는 사람'이란 뜻으로 '매니저'란 단어를 자랑스럽게 쓰기 시작했대요.

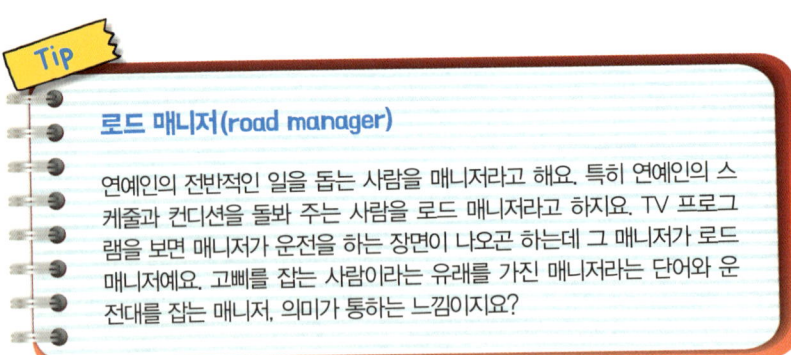

로드 매니저(road manager)

연예인의 전반적인 일을 돕는 사람을 매니저라고 해요. 특히 연예인의 스케줄과 컨디션을 돌봐 주는 사람을 로드 매니저라고 하지요. TV 프로그램을 보면 매니저가 운전을 하는 장면이 나오곤 하는데 그 매니저가 로드 매니저예요. 고삐를 잡는 사람이라는 유래를 가진 매니저라는 단어와 운전대를 잡는 매니저, 의미가 통하는 느낌이지요?

#디자이너 Designer
상상력으로 돈을 버는 직업, 디자이너

 디자인을 직업으로 삼는 사람을 '디자이너designer'라고 해요. 디자이너에는 웹 디자이너, 패션 디자이너, 건축 디자이너 등 여러 분야가 있어요. 흔히 디자이너를 '물건을 예쁘게 만드는 사람'으로 생각하지만 원래 디자이너의 의미는 훨씬 더 넓어요.
 세계 최초로 디자이너라는 말을 사용한 사람은, 스콰르치오네라는 이탈리아 사람이었어요. 그는 약 600년 전 이탈리아 파도바라는 시골에서 작고 허름한 가구점을 운영했어요. 그는 매일 손이 부르트도록 톱질과 못질을 해서 가구를 만들어 팔았어요. 하지만 어느 날 아무리 열심히 일해도 푼돈밖에 벌지 못하는 자신의 처지에 화가 났답니다. 그래서 사업을 획기적으로 바꿔 볼 궁리를 했어요.

스쾨르치오네는 부자 고객들이 튼튼하고 좋은 재질로 만들어진 가구보다는 독특하고 기발한 상품을 원한다는 걸 알게 되었어요. 당시에는 의자를 튼튼하게 만들 수 있는 사람은 많았지만, 눈에 번쩍 띄도록 멋지게 만드는 사람은 드물었어요. 그런데다 주문이 들어오면 설계도도 없이 어깨너머로 배운 솜씨로 뚝딱뚝딱 가구를 만드는 수준이었어요.

스쾨르치오네는 이런 풍토를 확 바꾸기로 하고 당시 잘나가던 미술가들의 책을 잔뜩 사서 읽고 또 읽었어요. 그리고 책 속에서 기발한 아이디어를 찾아냈어요.

'이제부터는 내가 직접 가구를 만들기보다 그림을 배워서 만들고자 하는 가구의 모양, 색상, 재질 등을 그림으로 표시하는 거야. 그런 다음 기술자들에게 제작하도록 맡기자.'

야구장에서 감독이나 선수들이 손짓 발짓으로 의사 표시를 하는 것을 '사인sign'을 보낸다고 해요. 스쾨르치오네도 가구를 직접 만들지 않고, 원하는 가구 모양만 그림으로 '표시'해서 사인을 하여 기술자들에게 넘겼어요. 그러면 목공들이 그 사인대로 가구를 만들어 냈어요. 그래서 스쾨르치오네의 작업을 '디자인design'이라고 말하게 되었어요.

오늘날 미술 공부를 하는 학생들이 그리는 밑그림을 '데생dessin'이라고 하는데 이 말도 디자인에서 비롯되었어요.

스콰르치오네에게 기술을 배우던 만테냐라는 제자는 머리가 뛰어난 만능 재주꾼이었어요. 만테냐는 이후 스콰르치오네로부터 독립하여 이탈리아 최고의 화가이며 건축가, 출판업자로 명성을 떨쳤어요. 만테냐는 직접 그림을 그리거나 건물을 짓지 않고 콘셉트를 정해 밑그림만 그리는 걸 직업으로 삼았어요. 그의 밑그림을 가지고 직접 그림을 그리거나 건물을 짓는 일은 기술자들이 맡아 했지요.

그래서 만테냐는 세계 최초로 '표시하는 사람'이란 뜻의 '디자이너'가 되었어요. 그때부터 건물, 가구, 인테리어 등의 콘셉트를 잡고 밑그림만 그리는 것을 전문적으로 하는 사람을 디자이너라고 했대요.

디자인 하면 패션 디자인도 머리에 떠오르지요?

1830년 무렵, 파리에서는 영국인 재단사 찰스 프레드릭 워스라는 남자가 활동하고 있었어요. 현대 사람들이 드라마를 보면서 주인공이 입은 옷이나 가방, 구두와 똑같은 것을 사고 싶어 하는 것처럼 19세기에는 소설이 그런 역할을 했어요. 하지만 드라마 속 여주인공의 패션은 그대로 따라 하면 되지만, 소설 속 주인공이 입은 옷은 상상력을 발휘해야만 상상 속 이미지와 비슷한 모양이 나왔어요.

프레드릭 워스는 어릴 때부터 수많은 소설을 읽은 덕분에 소설 속의 장면을 상상하는 재능이 뛰어났어요. 그는 자신의 장점을 살려 파리에 고급 찻집처럼 꾸민 디자인 사무실을 냈어요. 그런 다음 귀부인들의 취향에 맞을 만한 옷을 스케치했어요. 그리고 고객이 워스의 스케치를 보고 마음에 들어 사겠다고 하면 그 디자인을 재단사와 봉제사 등에게 보내 옷을 완성하게 했지요. 얼마 지나지 않아 워스의 의상실은 귀부인들로 발 디딜 틈이 없을 정도였어요.

얼마 후 워스에게 디자인을 배웠던 제자들도 하나둘씩 독립해 파리생 오노레 거리에 연달아 비슷한 콘셉트의 의상실을 냈어요. 그러자 생 오노레 거리에는 소설 속 주인공이 입은 것과 똑같은 옷을 만들어 주는 가게들이 즐비하다는 소문이 유럽 전역에 퍼져 나갔어요. 덕분에 유럽 각국의 귀부인들이 파리로 쇼핑하러 오기 시작했고, 파리는 지금처럼 세계의 패션 중심지로 자리 잡게 되었답니다.

#매직 Magic
고대 공학자들의 초능력

우리가 즐겁게 관람하고 호기심을 가지고 트릭을 풀곤 하는 마술은 영어로 '매직magic'이라고 해요. 이 말은 지금으로부터 약 3000년 전인 고대 페르시아의 '마지'라고 불리는 지식인들로부터 비롯되었어요. 마지들은 지식을 독점하기 위해 자기들이 읽는 책들을 감쪽같이 숨겨 놓곤 했어요. 그래서 '마지들의 비밀'은 마술을 뜻하는 매직이란 말의 어원이 되었다고 해요.

3000년 전의 고대 페르시아는 그 당시 세계 최고로 손꼽히는 선진국이었어요. 그 무렵, 페르시아의 수도 바빌론 사람들은 물 펌프를 설치해서 아름다운 정원을 가꿀 정도였으니 얼마나 문명이 발달했는지 짐작할 수 있지요. 고대 그리스 사람들이 바빌론의 정원을 방문하고 얼마나 놀랐는지 그것을 세계 7대 불가사의 중 하나라며 감탄했다고 해요. 페르시아에 비해 문명의 발달이 늦었던 그리스 사람들에게는 옥상에 정원을 만들고 펌프로 물을 퍼 올려 꽃을 활짝 피운 것이 마법처럼 보였을 거예요.

그처럼 놀라운 페르시아 사람들의 기술력도 마지들의 아이디어에서 나온 것이었어요. 마지들은 주로 뾰쪽한 탑을 지어 놓고는 그 꼭대기에 들어앉아 별만 보고 살았다고 해요. 그런데다 외출을 거의 하지 않았다니 정말 괴짜들이었어요. 페르시아 말로 '마지'라는 단어는 무언가를 만들어 낼 수 있는 힘, 즉 '능력을 가진 사람'을 뜻해요. 그 당시에 최고로 우수한 공학도였던 것이지요.

마지들은 천체를 연구해 '달력'을 만들어서 사용했는데, 그 달력이 바로 마지들의 권력을 지켜 나갈 수 있는 비법이었어요. 농사를 가장 중요하게 여겼던 그 시절에는 왕이라 할지라도 씨앗을 뿌리고 추수하는 시기, 홍수나 가뭄, 전쟁을 할 시기 등을 일일이 마지들에게 묻고 난 뒤에 결정해야만 했어요. 마지들은 왕들도 쩔쩔맬 정도로 권력을 누렸으며 '아는 것이 힘이다.'라는 속담을 그대로 보여 주는 사람들이었지요.

마지는 숫자를 써서 계산을 하기도 했는데 황제가 수로를 파거나 길을 낼 때 필요한 노동력, 장비 같은 것을 척척 계산해 주었어요. 이 때문에 황제도 마지의 동의를 받지 않고는 큰 공사를 시작하거나 전쟁터에 나가는 것을 두려워했대요.

하지만 자신들의 수학 실력이나 과학 기술이 세상에 알려져 많은 사람이 비법을 알게 되면 권력을 누리기는커녕 먹고살기에도 힘들어질 게 분명했기 때문에 자신들의 지식은 철저히 숨겨 뒀어요. 과학에 대해 몰랐던 고대 그리스 인들은 마지들이 높은 탑 위로 올라가 신들과 소통해서 초능력을 갖게 된 것으로 여겼어요. 그래서 마지가 하는 일을 가리키는 '마기코스magikos'라는 그리스 단어가 '초능력'을 뜻하게 되었고, 영어로는 '매직magic'으로 쓰이게 되었어요.

그리고 지금으로부터 약 1300년 전 이슬람교도들이 페르시아를 정복했어요. 그때 페르시아 마지 집안의 후손이던 알-코리즈미가 이라크 바그다드에 이슬람교도들이 새로 세운 연구소인 '지식의 집'이라는 곳을 찾아갔어요. 알-코리즈미는 페르시아에서 대대로 전해지던 마지의 비법을 역사상 처음 공개했어요.

그 핵심 비법이란 것은 사실 요즘에는 누구나 아는 방정식을 말해요. 그래서 오늘날까지 방정식으로 문제를 푸는 방법을 알-코리즈미의 이름을 따서 '알고리즘algorism'이라고 부르고 있어요.

마지들과 마찬가지로 옛날 지식인들은 자신들의 권리를 넘보지 못하게 온갖 방법을 동원해 일반인들이 지식을 얻는 것을 방해했어요. 처음 서양에 인쇄기가 소개되었을 때도 지식인들은 "이 사람 저 사람 모두 책을 읽으면 세상이 어떻게 되겠느냐?"라고 하며 인쇄기를 사용하지 못하게 하려고 온갖 방해를 했대요.

그렇지만 지식은 인간이 사는 데 꼭 필요한 것이기 때문에 누군가가 알게 되면 공기처럼 널리 퍼지게 되지요. 오늘날의 공학자들은 알고리즘을 이용해 컴퓨터 그래픽도 만들고, 새로운 휴대 전화도 디자인하며, 비행기도 띄워요. 그만큼 지식은 '매직'처럼 신기하고 멋진 것이지요. 마지의 이야기는 '초심으로 돌아가 공부의 소중함을 알라.'는 가르침을 주고 있어요.

#프라이버시 Privacy

영국의 해적들과 프라이버시

　보통 서양인들은 공공 기관이 자신들의 사생활에 대해 잘 아는 것을 끔찍하게 싫어하며 목숨을 걸고 '프라이버시privacy'를 지키려고 해요. 그들은 처음 만난 사람이 "결혼하셨어요?"와 같은 사생활에 관련된 질문을 하면 "그건 내 사생활이에요."라고 정색을 해요. 그래서 배우자가 호기심이나 질투심으로 상대방의 이메일이나 휴대 전화를 열어 보는 것도 프라이버시 침해가 되어 이혼까지 당할 수도 있어요.

　그런데 프라이버시는 원래 단체 생활을 할 자격을 빼앗겨 헌 문짝처럼 뜯겨 나갔거나 못처럼 뽑혀 나간 사람을 뜻하는 말이었어요. 옛날 서양인들은 사생활이나 '개인적인 사업' 등을 무시하기 일쑤였어요. 그래서 못을 뽑거나 문짝 같은 것을 뜯어낼 때 사용하는 쇠지레인 '프라이pry'에서 사생활을 뜻하는 '프라이버시privacy'란 말이 생겨났대요.

요즘 민간인이 하는 사업을 '프라이빗 비즈니스private business'라고 불러요. 하지만 '프라이빗'에 er을 붙이면 '프라이버티어privateer'가 되며 이 단어는 '영국 해적'을 뜻하는 말이에요. 그러니까 옛날 영국에선 사업가를 해적에 비유했어요.

영국의 작가인 셰익스피어가 활동하던 16세기에 유럽에서 가장 강한 초강대국은 에스파냐였어요. 에스파냐에서 선장 한 명이 용감하게 대서양을 건너 우연히 멕시코를 발견했는데, 땅을 파기만 하면 금이 쏟아져 나왔대요. 에스파냐 왕은 보고를 받자마자 멕시코로 배를 보내 그 금들을 에스파냐로 실어 오라고 명령했어요.

그때부터 몇 달에 한 번씩 멕시코에서 파낸 금은보화를 가득 실은 에스파냐의 거대한 범선들이 떼 지어 영국 앞바다를 지나 네덜란드 항구에 닻을 내렸어요. 네덜란드에 규모가 큰 좋은 은행이 많아 금을 '입금'시키기 좋았기 때문이에요.

영국인들은 금으로 가득 찬 에스파냐 범선이 영국 앞바다를 지날 때마다 배가 아팠어요.

"우리가 저들을 지켜보기만 한다면 바보나 다름없지 않겠나?"

영국인 사업가들은 이렇게 말하며 앞을 다투어 배와 대포를 구입했어요. 그리고 선원들을 고용해 회사를 세웠는데 그 회사의 이름은 '해적 주식회사'였대요. 심지어 멕시코에서 금을 싣고 오는 에스파냐 배를 약탈하겠다는 사업 내용을 정부에 신고하고 사업 허가를 받아 냈어요. 해적 주식회사에 고용된 선원들, 그러니까 해적들은 금을 싣고 영국 앞바다를 지나가는 에스파냐 범선들을 약탈하기 시작했어요.

그렇다면 영국 정부는 왜 이런 범죄 행위를 허가해 주었을까요? 당시 영국의 엘리자베스 여왕은 배다른 언니와 왕위를 차지하려고 다퉜었고, 결국 엘리자베스가 승리해 여왕이 되었지요. 그때 엘리자베스는 배다른 언니가 반란을 일으킬까 봐 외진 곳으로 귀양을 보내고 런던 근처에는 얼씬도 못하게 했답니다.

그런데 귀양을 떠난 배다른 언니의 외가는 바로 막강한 에스파냐 왕실이었어요. 강대국 에스파냐라는 든든한 배경을 가진 배다른 언니는 어떻게든 엘리자베스에게 앙갚음을 하려고 했지요. 그래서 에스파냐 왕실로 몰래 연락해 영국의 엘리자베스 여왕을 혼내 주고 귀양살이하는 자신을 구해 달라고 부탁했어요.

이를 알게 된 엘리자베스 여왕은 쫓겨난 배다른 언니뿐만 아니라 에스파냐를 끔찍이 싫어했어요. 그래서 에스파냐가 손해 보는 일이라면 해적질이든 도적질이든 모두 허가해 주었던 거지요.

엘리자베스 여왕은 해적 집단을 몰래 불러 에스파냐 전함을 아무리 많이 털어도 눈감아 주겠다고 약속했어요. 영국인들은 그들이 나라의 정식 군인이 아니라 사적으로 움직이는, 그러니까 '프라이빗private'한 사람들이란 뜻으로 '프라이버티어privateer'라고 불렀지요.

예를 들어 드레이크, 월터 랄레이 같은 사람들이 바로 엘리자베스 시대에 영국에서 활약하던 '프라이버티어'들이었어요. 이 해적들이 금을 가득 실은 에스파냐 배를 발견하면 어찌나 끈질기게 붙들고 늘어졌는지 한번 물면 개처럼 절대로 놓지 않는다고 해서 '바다의 개'라는 별명까지 얻었어요.

해적들 덕분에 영국은 마침내 에스파냐를 꺾고 유럽 최고의 항해 제국으로 떠올랐어요. 하지만 그 해적들을 실컷 이용한 뒤에는 상을 주기는커녕 범죄자들이라며 모조리 나라 밖으로 쫓아냈어요. 나라로부터 배반당한 그들은 캐리비안으로 옮겨 진짜 해적이 되어 자기 조국인 영국 상선을 털곤 했답니다.

#프리티, 큐트 Pretty, Cute
속임수를 잘 쓰는 여자

    유럽 인들은 아름다움 속에 삶의 옳고 그름을 가르쳐 주는 힘이 있다고 여겼어요. 따라서 그들은 예술을 중요하게 여기며 예술에 많은 시간과 에너지, 돈을 들였다고 해요. 그런 전통 때문에 미술품 앞에서는 지나칠 정도로 경건해지곤 해요. 심지어 '아름다움이란 무엇인가'를 평생 연구하는 '미학자'라는 직업도 있어요.

    우리나라도 점점 서구화되어 가면서 미남, 미녀, 패션, 인테리어 같은 것들을 중요하게 여기고 있어요. 그런데 아름다운 게 아니라 '예쁘고 귀여운 것', 즉 'pretty and cute'를 좋아하는 사회가 되어 가는 것은 아쉬운 일이에요.

어떤 사람이든 물건이든 보는 순간 정신이 아득해질 만큼 아름다운 것은 별로 흔하지 않아요. 그래서 대개 '뷰티풀beautiful'과 같은 거창한 단어보다는 '큐트cute', '프리티pretty'와 같은 말을 더 많이 사용하지요. 그런데 알고 보면 뷰티풀과 프리티는 비슷한 말이 아니라 오히려 반대말에 가까워요. 원래 어떤 여자를 가리켜 뷰티풀하다고 말하면 '반듯한 여자'라는 뜻이지만, 프리티하다거나 큐트한 여자라고 하면 '속임수를 잘 쓰는 여자'를 뜻해요.

프랑스의 샤넬이란 여인은 역사상 가장 유명한 의상 디자이너 중 한 사람이에요. 샤넬은 아름다운 것과 예쁜 것의 차이를 분명히 구분했어요. 프랑스의 깊은 산골 마을에서 단순하고 실용적인 옷만 보고 자란 샤넬은 처음 파리에 도착했을 때 여자들의 화려한 옷차림을 보고 깜짝 놀랐어요.

그때 파리의 여자들은 하늘색이나 핑크색처럼 밝고 화려한 천에 리본과 레이스를 단 요란한 옷을 입고 다녔대요. 그런 여자들의 옷차림을 보고 샤넬은 속으로 '내가 저 여자들의 옷을 모두 까만색으로 덮어 버리겠어.'라고 다짐했답니다.

그 뒤 샤넬은 '작고 검은 드레스'라고 불리는 검소한 드레스를 유행시켰어요. 그런 영향으로 파리의 여자들은 지금도 리본이나 레이스

장식이 많으며 밝거나 화려한 옷을 세련되지 않다고 여겨 즐겨 입지 않는다고 해요.

샤넬은 한 언론사 기자와 인터뷰를 할 때 이렇게 말했답니다.

"앙증맞음과 아름다움은 아무런 관계가 없어요. 왜 엄마들은 딸들에게 진정한 아름다움을 가르치지 않고 새끼 고양이가 울 때처럼 징징대는 방법만 가르칠까요? 아름다움은 영원하지만 앙증맞고 예쁜 것은 순간입니다. 그런데 이 세상에는 아름다워지려는 여자가 없어요."

이렇게 샤넬은 프리티한 것이 오히려 진정한 아름다움의 적이라고 주장했어요.

본래 프리티는 '사기', '거짓말', '술수'를 뜻하던 '프랫prat'이란 말에서 비롯되었어요. 요즘 시험을 치를 때 남의 답안지를 훔쳐보고 베끼는 것을 '커닝cunning'이라 하는데 프리티와 커닝은 같은 의미로 쓰였어요. 얼마 전까지만 해도 영국에서는 '커닝'을 '예쁘다'는 뜻으로 썼지요.

큐트라는 단어도 원래는 '날카롭다', '예리하다'를 뜻하는 '어큐트 acute'에서 나온 말로, '잔꾀를 잘 부린다.'는 뜻이에요. 그러나 미국의 고등학생들이 어큐트란 단어에서 'a'를 떼어 내고 '큐트cute'로 줄여 썼는데, 그 뒤 프리티처럼 '아기자기하다', '귀엽다'는 뜻으로 바뀌었어요.

프리티와 큐트는 '알맹이는 없지만 아기자기한 눈속임으로 슬쩍 넘어간다.'는 뜻을 담고 있어요. 그렇기에 아름다움을 매우 소중한 가치로 생각하는 서양 예술가들은 자기 작품을 보고 '뷰티풀하다'고 평하면 칭찬을 받은 것으로 여기지만, '프리티하다'고 하면 작품을 낮춰 보거나 모욕하는 것으로 알아듣는대요.

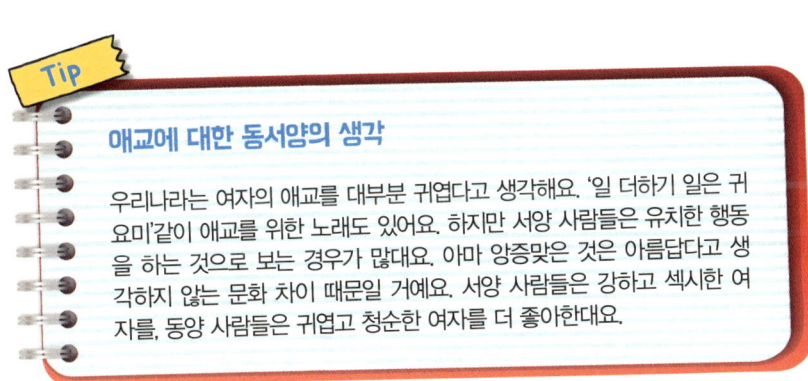

애교에 대한 동서양의 생각

우리나라는 여자의 애교를 대부분 귀엽다고 생각해요. '일 더하기 일은 귀요미'같이 애교를 위한 노래도 있어요. 하지만 서양 사람들은 유치한 행동을 하는 것으로 보는 경우가 많대요. 아마 앙증맞은 것은 아름답다고 생각하지 않는 문화 차이 때문일 거예요. 서양 사람들은 강하고 섹시한 여자를, 동양 사람들은 귀엽고 청순한 여자를 더 좋아한대요.

#레이디, 허즈번드
Lady, Husband
부부는 고달프다

우리나라 고전 소설 중에는 『양반전』이란 작품이 있어요. 어떤 상인이 돈을 많이 번 뒤 양반 신분을 얻기 위해 돈을 주고 양반 가문의 족보를 샀지만 양반으로 살기 위해 지켜야 할 예절과 절차가 너무 많고 복잡해서 양반의 꿈을 버린다는 줄거리예요.

유럽의 귀족들도 마찬가지였어요. 유럽에서 귀부인을 뜻하는 '레이디lady'란 말은 왠지 아름답고 우아하게 들려요. 그런데 그 말의 어원을 알면 그런 환상이 물거품처럼 사라지게 되지요. 왜냐하면 레이디는 본래 빵이란 뜻의 '로프loaf'에서 비롯한 말이기 때문이지요. 로프와 여성을 뜻하는 '디di'를 합치면 '빵 빚는 여자'라는 단어가 되는데 이 말이 발전해 귀부인을 레이디라고 부르게 되었어요.

　중세까지만 해도 유럽에서는 한 마을 주민들이 열심히 농사를 지어 추수하면 그 수확물을 모조리 땅의 주인인 영주에게 바쳤어요. 농민들이 농사를 짓는 동안 영주의 부인은 매일 빵을 구워 농민들을 먹여야 했어요. 그러니 귀부인이 빵 굽는 여자를 뜻했던 것이지요.

　19세기 유럽의 귀부인들이 아주 화려하게 살았던 것으로 여겨지지만 사실은 그렇지 않았어요. 당시 유럽 숙녀들이 어떻게 살았는지는 『플로랜스 하틀리의 숙녀를 위한 매너 교범』이란 책을 보면 짐작할 수 있어요. 이 책에는 숙녀들이 지켜야 할 기본 매너들을 열거해 놓았는데 그중 몇 가지만 소개하면 다음과 같아요.

- 숙녀가 기침을 하려면 얼른 앉은 자리에서 일어나 입을 막고 남자가 안 보이는 옆방으로 건너가서 해야 한다.
- 말을 하는 동안 절대로 표정을 바꾸거나 손짓 같은 걸 하면 안 된다.
- 거리를 걸을 때는 치마가 땅에 질질 끌리더라도 절대 들어 올려서는 안 된다. 차라리 흙이 잔뜩 묻은 채로 집에 가서 빨아 입어야 한다.
- 숙녀는 절대로 윈도쇼핑을 하지 말아야 한다.
- 길 건너편에 아는 사람이 지나가도 아는 체해서는 안 되며, 거리에서

큰 소리로 웃는 것은 천박하니 삼가야 한다.
- 길거리를 돌아다닐 때는 항상 정면을 보아야 한다. 뒤돌아보아서는 안 되고 손가락으로 무엇인가를 가리켜도 안 된다.
- 절대로 '우아!', '진짜'와 같은 감탄사를 쓰면 안 된다.

이런 식으로 '숙녀'가 하면 안 되는 행동 방침이 수백 페이지에 걸쳐 적혀 있어요. 이렇게 사소한 행동까지 방침대로 지켜야 했던 19세기의 귀부인들은 참으로 따분하게 살았을 거예요.

그렇다면 결혼한 남자는 어땠을까요? '남편'을 뜻하는 '허즈번드 husband'는 '하우스house'와 묶였다는 뜻의 '밴드band'를 합친 말이에요. '집에 꽁꽁 묶여 있는 남자'가 남편의 본래 뜻이에요. 옛날 영국에서는 집이 없는 남자는 결혼도 할 수 없었어요. 그래서 허즈번드가 남편이란 뜻이 되었던 거지요.

이런 단어처럼 옛날 남편들은 하루 종일 땅을 파고 가축을 길러야 했어요. 더 나아가서는 나무를 잘라다가 가족들이 사용할 가구나 식기 같은 것도 일일이 만들어야 했어요. 또 텃밭에서 수확한 채소나 곡식 중 집에서 쓰고 남는 것들은 시장에 내다 팔아 생활비로 썼지요. 오늘날까지 '남편의 일'을 뜻하는 '허즈번드리husbandry'란 단어를 사전에서 찾아보면 '땅을 가는 것', '가축을 돌보고 오리, 닭, 누에고치, 꿀벌 등에 먹이를 주는 것', '농사와 집을 유지하는 데 관련된 모든 허드렛일'이라고 나와 있어요.

이런 전통이 몸에 밴 미국 남자들은 요즘도 회사에서 퇴근하면 곧장 집으로 달려가 집 마당에 쌓인 낙엽을 쓸거나 잔디를 깎고, 집 안 여기저기 망가진 곳을 찾아내 스스로 손보고 관리하고 있어요. 심지어 많은 미국 남편들은 집에 수많은 종류의 공구를 준비해 놓는 것을 자랑스럽게 여긴답니다.

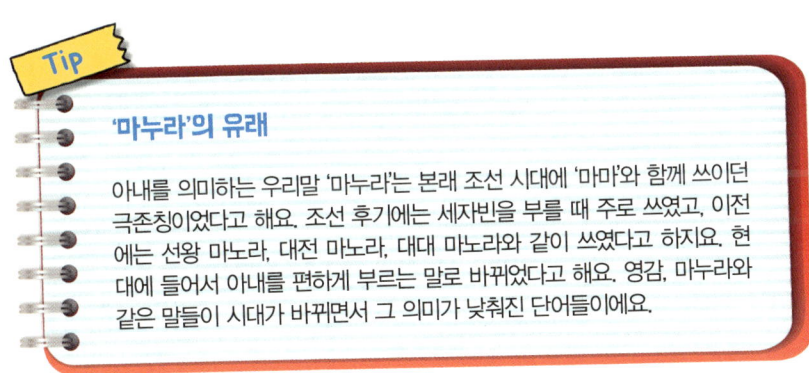

'마누라'의 유래

아내를 의미하는 우리말 '마누라'는 본래 조선 시대에 '마마'와 함께 쓰이던 극존칭이었다고 해요. 조선 후기에는 세자빈을 부를 때 주로 쓰였고, 이전에는 선왕 마노라, 대전 마노라, 대대 마노라와 같이 쓰였다고 하지요. 현대에 들어서 아내를 편하게 부르는 말로 바뀌었다고 해요. 영감, 마누라와 같은 말들이 시대가 바뀌면서 그 의미가 낮춰진 단어들이에요.

#로맨스 Romance

아름답지 않았던 로맨스

분위기 있는 곳에서 남녀가 데이트를 즐기는 것을 본 사람들은 대개 그런 장면을 낭만적이라고 표현해요. 낭만은 '로맨스romance'를 한자로 옮긴 말인데 원래의 의미는 '로마스럽다'는 뜻이라고 해요.

고대 로마 인들은 라틴 어를 사용했는데 로마 제국이 워낙 강대국이었다 보니 멸망한 후에도 유럽의 학교들은 모든 교과 과정을 라틴 어로 가르쳤어요. 심지어 영국 옥스퍼드 대학은 로마 제국이 멸망하고 1500년이나 지난 1960년대까지도 라틴 어를 능숙하게 읽고 쓸 줄 아는 학생들만 입학시킬 정도였어요.

하지만 중세에도 학교에 다니지 못한 일반인들은 라틴 어를 할 줄 몰랐어요. 심지어 라틴 어를 늘 사용하던 프랑스, 이탈리아 같은 나라들도 로마 멸망 후에는 표준 라틴 어를 쓰지 않고 지역마다 다르게 쓰게 되어 나중에는 서로의 말을 알아듣지 못하게 되었어요.

그럼에도 부잣집에서 태어나 학교를 다녔던 사람들은 프랑스, 에스파냐, 이탈리아 사람들의 일상어와 자기가 쓰는 라틴 어를 구분하려고 일반인들이 쓰는 언어를 '로마식 평민어', 즉 '로맨스 언어'라고 했대요. 지금도 라틴 어에서 따로따로 발전한 프랑스 어, 이탈리아 어, 에스파냐 어, 포르투갈 어, 루마니아 어 등을 통틀어 '로맨스 언어'라고 불러요.

12세기 무렵, 프랑스 남부 기사들 사이에는 십자군 열풍이 유행처럼 번졌어요. 많은 귀족 남자들이 십자군 전쟁에 나가 영웅이 되겠다는 부푼 꿈을 안고, 칼 한 자루와 말 한 마리를 벗 삼아 이슬람교도들과 싸우기 위해 바다와 산을 넘어 멀리 동방으로 떠났어요. 그러면 14~15세의 어린 나이에 결혼해 꽃다운 나이에 남편을 전쟁터로 떠나보낸 부인들은 무척 외롭게 지내야만 했어요.

그런 틈을 노려 훌륭한 가문 출신에 명문 대학을 다니며 연애를 경험했던 청년들이 나타났어요. 불량스러운 청년들은 여러 성을 돌며 홀로 남은 귀부인에게 재미있는 이야기를 들려주고 그녀들의 재산을 빼앗기 시작했어요. 사람들은 그렇게 이야기를 들려주고 돈을 받아 챙기는 사람들을 '트로바도르'라고 불렀어요.

트로바도르는 파리나 볼로냐 같은 명문 대학에서 대화술과 매너 교육 등을 받은 젊고 잘생긴 귀족 가문의 차남들이었어요. 그들은 항상 귀부인들에게 최고의 대접을 했어요. 예를 들면 귀부인이 진흙땅을 지나가야 할 때는 자기 망토를 벗어 땅 위에 깔아 신발을 더럽히지 않게 해 주었고, 귀부인이 말을 탈 때는 자기 어깨를 밟고 올라타게 해 주었어요. 계단이나 마차에 오를 때는 손을 붙들어 오르기 쉽게 해 주는 일도 예사였어요.

그러니 어린 나이에 결혼했지만 십자군 전쟁에 나가 언제 돌아올지 모르는 남편을 기다리던 귀부인들은 트로바도르에게 홀딱 빠져들 수밖에 없었지요. 사랑에 빠진 귀부인은 남편 이름으로 된 집안 대대로 전해지던 가보를 통째로 내주기도 했답니다.

당시 대부분의 여자는 표준 라틴 어를 몰랐어요. 따라서 트로바도르는 귀부인들에게 라틴 어가 아닌 '로마 평민어', 즉 로맨스 언어로 시와 노래를 지어 읽어 주었어요. 그 내용도 여자들의 취향에 맞춰 달콤한 사랑 이야기를 들려주고는 했어요. 그중에서도 젊은 트로바도르와 귀부인의 사랑 이야기가 대부분이었어요.

그때부터 사람들은 트로바도르가 들려주던 사랑 이야기를 '로맨스어로 된 작품'이라고 해서 '로맨스'라 줄여 부르게 되었어요. 로맨스는 점차 트로바도르와 귀부인 사이의 야릇하고 묘한 분위기, 즉 남녀 사이의 낭만을 이야기하는 단어로 발전했답니다.

나중에 '로맨스'는 사사로운 감정을 다룬 문학작품, 즉 소설을 뜻하게 되었어요. 하지만 낭만이란 말이 반드시 남녀 간의 사랑을 가리키는 말로 쓰인 건 아니었어요.

사람들은 18세기 후반에서 19세기 중반까지를 '낭만주의 시대'라고 말해요. 낭만주의는 영어로 '로맨티시즘romanticism'이라고 하는데 이 시기 유럽의 젊은이들은 소설 속의 주인공처럼 살고 싶어 했어요. 그리하여 먼 곳으로 모험을 간다거나 방탕한 생활을 일삼기도 하고, 때로는 전쟁터에 뛰어들었다가 시체가 되어 고향으로 돌아오는 일도 많았어요. 소설 속의 일과 현실을 구분하지 못했기 때문이지요. 그 뒤 사람들은 소설처럼 살고자 했던 그 시기를 낭만주의 시대라고 했답니다.

#페루 Peru

페루는 '저쪽'이다

'조선'은 '아름다운 아침의 나라', '일본'은 '해가 뜨는 곳', '중국'은 '세계의 중심인 나라' 등 나라 이름에는 멋지고 깊은 뜻이 담겨 있어요. 그런데 '페루Peru'는 그냥 '저쪽'이라는 뜻이래요. 왜 나라 이름을 '저쪽'이라고 지었을까요? 그 내력을 살펴보면 15~16세기 무렵, 유럽의 도적들을 피하려던 남아메리카 원주민들의 뼈아픈 역사가 드러나요.

옛날 유럽의 강대국들은 남아메리카나 아프리카, 아시아 등 다른 대륙에 있는 여러 나라를 침략했어요. 군사력이 부족한 나라의 금은보화를 도적질해서 배에 가득 싣고 돌아가고는 했어요. 이 때문에 약소국들은 엄청난 재산을 약탈당했으며 사람들마저 노예로 끌려갔었지요.

1492년, 에스파냐를 출발한 콜럼버스가 처음으로 대서양을 건너 아메리카라는 신대륙에 깃발을 꽂았어요. 그 후 수많은 에스파냐 선원들과 장사꾼들이 삐걱거리는 나무배 하나에 몸을 싣고 망망대해를 건너 신대륙으로 갔어요. 그들은 원주민들에게 하느님 말씀을 전하겠다며 왕실과 교회로부터 해외 출입 허락을 받아 냈어요. 하지만 실제로는 원주민들을 죽여 없애고 금은보화를 챙겨 부귀영화를 누릴 속셈이었지요.

1511년, 빌보아라는 에스파냐 사람이 여러 명의 용병을 거느리고 남아메리카의 한 마을에 닻을 내렸어요. 도착해서 보니 그곳 원주민들은 모두 금으로 만든 커다란 귀걸이를 매달고 있었어요. 빌보아는 급히 추장을 찾아가 자기에게 금을 좀 팔라고 제안했어요.

그런데 원주민들 사이에서는 에스파냐 사람들에 대한 나쁜 소문이 돌고 있었어요.

"에스파냐 놈들은 금을 보기만 하면 눈이 뒤집혀서 부모 형제도 죽이고 왕도 배신하는 짐승만도 못한 인간들이래."

실제로 금을 팔라고 해 놓고는 막상 금을 꺼내 오면 원주민을 깡그리 죽였던 사건이 남아메리카에서 여러 번 일어났어요.

원주민 추장은 에스파냐 사람들을 자기 마을에서 멀리 쫓으려고 꾀를 냈어요. 빌보아가 급히 저울을 꺼내 금의 무게를 달려고 하자 추장이 저울을 땅 치면서 말했어요.

"이 고장에서 나오는 금은 별로 신통치 않아 당신들에게 이득이 없을 거요. 여기서 서쪽으로 계속 가다 보면 금이 철보다 싼 곳이 나온다오. 금이 얼마나 싼지 가난한 사람들도 모두 금 접시에 밥을 담아 먹고, 금잔에 술을 따라서 마시는 곳이 있소."

빌보아는 추장의 말에 귀가 번쩍 뜨였어요. 추장은 빌보아가 자기 말에 넘어가는 걸 알아차리고는 더욱 과장해서 말했어요.

"뿐만 아니라 그 지역 추장은 매일 아침 온몸에 금가루를 칠했다가 개울에서 씻어 낸 뒤에야 하루를 시작한다오."

"그게 사실이오? 도대체 그곳은 어느 쪽이오?"

추장은 서쪽을 가리키면서 "삐루."라고 대답했어요. '삐루'는 바로 그곳 원주민들의 말로 '저쪽'이라는 뜻이었어요. 추장은 이런 임기응변으로 자기 고장을 지켜 낼 수 있었어요. 하지만 빌보아는 황금에 눈이 멀어 몇 십 년 동안 쓸데없이 정글을 헤매게 되었어요.

이런 소문이 돌자 벼락부자가 되고 싶은 에스파냐 사람들은 금이 철보다 싸다는 '페루'를 찾아 남아메리카로 향했어요.

사회 & 경제 | 199

그런데 빌보아가 데려왔던 용병 중에는 피사로라는, 자기 이름도 쓸 줄 모르는 무식한 사람이 있었어요. 피사로는 빌보아가 찾지 못한 페루를 반드시 찾아 벼락부자가 되겠다며 250명의 용병을 이끌고 남아메리카로 찾아갔어요.

그러다가 아득히 높은 산꼭대기에 바위를 깎아 만들어진 신기한 도시를 발견했어요. 피사로가 주변을 자세히 살펴보니 거울을 비롯해 갖가지 장식품들이 온통 금으로 만들어졌던 거예요. 피사로는 그걸 보고는 큰 소리로 외쳤어요.

"드디어 내가 '페루'를 발견했어! 난 이제 세상에서 가장 큰 부자가 된 거야."

사실 피사로가 용병들을 거느리고 도착한 그곳은 잉카 제국의 수도였어요. 잉카 제국은 남아메리카에서 영토가 세 번째로 큰 대제국인데 오늘날엔 '저쪽'이란 뜻의 페루라고 불리고 있어요.

#튜닝 Tuning

몽골의 마두금에서 유래한 바이올린과 튜닝

자동차나 오토바이를 새로 산 뒤, 엔진 등의 부품을 이리저리 바꾸거나 개조하는 일을 '튜닝tuning'이라고 해요. 그런데 세상에서 처음으로 튜닝을 취미로 즐긴 사람들은 말을 자기 몸의 일부처럼 자유자재로 다루던 몽골의 유목민이었어요.

그들은 활과 말을 아주 능숙하게 다뤘고, 죽음을 두려워하지 않아 다른 나라 사람들이 몹시 두려워했어요. 칭기즈 칸이 몽골 군을 이끌고 아시아와 유럽을 거침없이 정복한 것도 그들이 말을 제 몸처럼 다룰 줄 알았기에 가능한 일이었어요.

그리고 뛰어난 전사였지만 감수성이 훨씬 예민했던 몽골의 유목민족은 아름다운 소리를 내는 바이올린을 발명했어요. 그들은 양 떼를 몰며 양들이 좋아할 만한 풀을 찾아 드넓은 광야를 떠도는 고달픈 삶을 살았어요. 그러면서도 틈이 생기면 들판에 앉아 음악을 즐기는, 멋과 풍류를 아는 사람들이었던 거지요.

그들은 항상 활을 몸에 지니고 다녔는데, 활시위를 조이는 정도에 따라서 튕길 때 나는 소리의 높낮이가 다르다는 걸 알았고 그걸 응용해 악기를 만들었던 거예요. 오늘날까지 바이올린의 활을 '활'이라 부르는 이유는, 유목민들이 무기로 가지고 다니던 활 두 개를 비벼서 소리를 내던 것에서 바이올린이 유래했기 때문이에요.

몽골 유목민들은 바이올린을 활로 만든 악기에 말 머리를 조각해 장식했다 하여 '마두금'이라는 이름을 붙였어요. 마두금은 몽골 족 추장 칭기즈 칸이 세계 정복에 나섰던 13세기에 아랍을 거쳐 이탈리아에까지 전해졌어요. 이탈리아로 간 마두금은 아마티라는 목공의 손에서 지금 우리가 알고 있는 바이올린의 모습으로 재탄생했어요.

아마티는 가업을 물려줄 아들이 없었어요. 그래서 수많은 제자를 양성했는데 그들이 유럽 각국으로 진출하면서 바이올린은 전 유럽 사람들의 사랑을 받는 악기가 되었지요. 세계적인 명품 바이올린을 만들기로 유명한 스트라디바리 역시 자신이 만든 바이올린에 '스트라

디바리, 아마티의 제자'라고 사인했다고 해요.

바이올린은 겨우 네 줄로 엄청난 높낮이의 멜로디와 복잡한 화음을 연주할 수 있는 놀라운 악기예요. 그런데다 작고 가벼워 가지고 다니기에도 편해서 길거리 악사들의 애용품이었어요. 아마티는 바이올린을 만들기 위해 고대 로마 시대의 과학자 보이티우스의 과학 이론을 많이 참고했대요.

보이티우스는 줄의 팽팽한 정도에 따라 튕길 때 나는 소리의 높낮이가 달라지는 규칙을 연구했어요. 과학자들은 줄을 잡아당겨서 내는 소리를 '톤tone'이라고 했어요. 그리고 바이올린의 손잡이를 조심스럽게 돌려서 음의 높낮이를 맞추는 것을 '튜닝tuning'이라고 했지요. 그 후 튜닝은 기계를 '정밀 조정'한다는 뜻으로 발전하더니, 오토바이나 자동차의 기계 조합을 까다롭게 맞춰 속도와 마력을 최고 수준으로 높이는 취미를 뜻하는 말로 쓰인 거예요.

옛날 유럽 사람들은 사람의 근육이 풀어지면 병이 난다고 믿었어요. 그래서 근육이 풀어질 때는 유명한 온천을 찾아가거나 시원한 탄산수를 마셔서 몸을 '튜닝'했어요. 그 탄산수를 '몸을 튜닝하는 물'이라고 해서 '토닉tonic'이라고 불렀답니다.

#로열 로드 Royal Road

공부에는 왕도가 없다

'아는 것이 힘'이라는 서양 속담이 있어요. 아무리 보잘것없는 지식이라도 남이 모르는 것을 알면 부귀영화를 누릴 수 있다는 데서 생긴 말이지요. 하지만 남이 모르는 것을 나만 안다는 것은 쉽지 않은 일이에요. 그렇기 때문에 3000년 전에도 야망 있는 사람들은 새로운 지식을 얻기 위해 해외로 유학을 갔어요. 자녀들을 해외로 유학 보내서 성공한 나라가 바로 고대 그리스였어요.

기원전만 해도 페르시아 인들이 볼 때 그리스는 뱃사공과 양치기 몇 명이 모여 사는 초라한 주변 국가에 불과했어요. 페르시아 제국은 동쪽으로는 인도, 서쪽으로는 그리스, 남쪽으로는 아프리카의 수단에 이르는 어마어마한 영토를 다스리던 대제국이었어요. 따라서 많은 그리스 청년들이 선진 문물을 배우기 위해 뛰어난 지식인이 많았던 페르시아로 유학을 떠났어요.

물론 당시 최고 선진국이던 페르시아 사람들이 그리스 사람들에게 제대로 된 지식을 가르쳐 주진 않았을 거예요. 그래도 어설프게 주워들은 지식만으로도 그리스에 돌아와 책을 써서 출세한 사람들이 꽤나 있었어요. 요즘 위대한 그리스 철학자의 책이라며 읽는 고전 중에도 페르시아 사람들이 보았을 때 "저것도 책이냐?"라며 콧방귀를 뀌었을 책들이 많다고 해요.

당시 페르시아로 유학을 다녀온 고대 그리스의 헤로도토스라는 사람이 쓴 『역사』 책을 예로 들 수 있어요. 헤로도토스가 페르시아에서 가장 놀란 것은 넓은 페르시아 영토를 거미줄처럼 연결하는 우편 시스템이었어요. 페르시아의 다리우스 황제는 세계 최초로 우편 시스템을 발명했는데, 얼마나 효율적이었는지 자동차도, 기차도 없던 그 시대에 지금의 터키에서 편지를 보내면 일주일 만에 이란까지 도착할 정도였대요. 당시 사람들 눈에는 인터넷이나 휴대 전화가 처음 나왔을 때만큼이나 신기한 발명이었어요.

이 우편 시스템을 만들기 위해 다리우스 황제는 세계 최초로 고속도로를 놓았어요. 다리우스 황제는 수천 킬로미터씩 떨어져 있는 페르시아의 대도시들을 모두 포장도로로 연결했어요. 서울-부산 거리의 7배가 넘는 약 3000킬로미터에 걸쳐 불타는 사막과 험한 계곡, 높은 산을 모두 뚫고 포장도로를 놓는 일은 지금의 기술력으로도 그리 간단한 일이 아니에요. 현대의 공학도들도 이때의 도로 공사를 두고 페르시아의 뛰어난 기술력을 보여 주는 본보기라면서 혀를 내두르곤 해요.

역사가들은 이 고대 페르시아 우편 도로를 '왕들의 전령이 말을 달린 곳'이라며 '왕도'라는 뜻의 '로열 로드royal road'라고 불러요. 이것이 세계 최초의 고속도로이자 우편배달 시스템이에요.

그런데 요즘은 왕도가 '쉽고 빠른 방법'을 가리켜요. 이것은 그리스의 수학자 유클리드에서 비롯되었어요. 유클리드가 활동할 때는 그리스 출신의 프톨레미가 이집트의 왕으로 있었어요. 프톨레미는 그리스보다 문화와 지식 수준이 훨씬 뛰어난 이집트를 다스려야 했는데 이집트 인들이 자신을 무시할까 봐 겁이 났어요.

그래서 그리스에서 기하학의 아버지로 불리는 유클리드를 이집트 왕궁으로 불러들여 수학 과외를 받기 시작했어요. 그러나 수학 공부는 여간 어려운 게 아니었어요. 수학 공부에 지친 프톨레미는 유클리드에게 물었어요.

"수학을 조금 더 쉽게 이해하는 구체적인 비법은 없나?"

유클리드가 대답했어요.

"전하, 수학 공부에는 페르시아의 왕도와 같은 쉽고 빠른 길은 없습니다."

이때부터 왕도라는 말이 '쉽고 빠른 길'의 뜻으로 쓰이기 시작했어요.

이런 예와 같이 우리가 일상생활에서 쓰는 표현 중에는 페르시아 우편 시스템에서 나온 말이 많아요. '어떤 상황에도 굴복하지 않고'라는 뜻의 '눈이 오나 비가 오나'도 그중 하나예요. 페르시아로 유학한 그리스의 헤로도토스는 페르시아의 우편 시스템을 보고는 '눈이 오나 비가 오나 해가 내리쬐나, 페르시아 우체국의 편지 배달 속도는 느려지지 않았다.'라고 기록했어요.

먼 훗날 미국 우체국장이 헤로도토스의 책을 읽고 이 문장을 미국 우체국 본부 현관에 새겨 놓았는데 그 뒤로 '눈이 오나 비가 오나'라는 표현이 세계적으로 유명해졌대요.

#텍스트 Text

옷감과 텍스트

고대 그리스와 로마에서는 여자의 섬세한 솜씨를 무척 중요하게 생각했어요. 학교에서는 남학생들에게 여자의 섬세함을 배우라고 가르쳤지요. '베틀로 옷감을 짠다.'는 '텍스타일textile'이란 단어가 '글'을 뜻하는 '텍스트text'로 발전한 것도 그런 이유였어요.

고대 그리스 어로 '집 짓는 일'을 뭔가를 뚝딱뚝딱 만든다고 해서 '텍tek'이라고 했어요. 거기서 오늘날 '첨단 기술'을 뜻하는 단어인 '테크놀로지technology'와 '숙련된 기술'을 뜻하는 '테크닉technic'이 나왔어요. 여자들이 옷을 짓는 일은 남자들이 집을 짓는 것과 마찬가지라고 생각해서 여자들이 '텍' 하는 것, 즉 '짓는 것'을 'textile'이라고 했어요.

집집마다 베틀을 들여놓고 직접 옷을 지어 입고 살던 당시 학생들에게는 아주 이해하기 쉬운 비유였지요.

고대 그리스의 남자들은 똑똑하고 예쁜 여자를 좋아했어요. 그런데 똑똑한 여자보다 옷 잘 만드는 여자를 더 좋아했대요. 그런 여자와 결혼하면 훌륭한 옷을 입을 수 있었고, 남들은 흙바닥에서 지낼 때도 카펫이나 방석 위에서 편히 지낼 수 있었기 때문이에요. 아기를 요람에 눕혀 안전하게 지키고, 좋은 담요를 덮고 따뜻하게 잠을 잘 수 있는 옷 잘 만드는 여자가 최고의 신붓감인 건 당연했던 거지요.

그 당시 그리스에 아라크네라는 여인이 살았어요. 아라크네는 예쁘고 옷감도 잘 짜 남자들에게 인기가 높았어요. 인기가 많았던 아라크네는 미네르바 여신마저 화나게 할 정도로 콧대가 셌어요. 오만해진 아라크네는 자기가 미네르바보다 옷을 더 잘 만든다고 자랑하고 다녔어요.

그 소문을 들은 미네르바는 참을 수 없이 화가 치밀었어요. 결국 미네르바는 아라크네의 얼굴을 칼로 베어 보기 흉한 상처를 남겼어요. 더구나 그녀가 만든 옷감은 불태워 없앴으며 베틀은 부숴 버렸어요. 그래도 분이 안 풀리자 아라크네를 배만 크고 다리가 여덟 개 달린 거미로 변신시켜서 남자들이 보기만 해도 도망가도록 했어요. 아라크네는 흉측한 거미로 변한 뒤에도 여자로서 마지막 자존심을 지키기 위해 내장에서 실을 만들어 베를 짰다고 해요. 그것이 거미가 거미줄을 치게 된 유래라는 말도 있어요.

이렇게 옷을 짓는 솜씨는 미모와 더불어 여자들의 가장 중요한 매력 포인트였고, 남자들은 그런 복잡한 일을 섬세하게 척척 해내는 여자들의 지혜와 솜씨를 신기하게 여겼지요.

한편, 고대 로마 시대에 퀸틸리아누스라는 사람이 있었어요. 퀸틸리아누스는 훌륭한 철학자 밑에서 공부했는데 특히 국어 실력이 뛰어났어요. 그는 로마 중심가에 웅변 학원을 차리고 학생들에게 조리 있게 말하는 방법을 가르쳐 크게 성공했어요. 큰 부자가 된 퀸틸리아누스는 일찌감치 은퇴를 하고 12권짜리 웅변 교과서 『말의 정통Institutio Oratio』을 펴냈답니다. 이 책은 인류 최초로 말하기를 가르친 화술 교과서로 유명해요. 퀸틸리아누스는 이 책에 '글을 짓는다는 것은 단어로 옷감texture을 짜는 것과 같다.'라고 했어요. 그 뒤 '텍스트text'라는 단어는 그냥 '글'이라는 뜻이 되었고, 오늘날까지도 서양에서는 문자 메시지 보내는 것을 '텍스팅texting'이라고 한답니다.

#마더, 메트로 Mother, Metro
엄마와 지하철

대도시의 땅속을 거미줄처럼 연결하고 있는 지하철 시스템을 흔히 '메트로metro'라고 불러요. 메트로란 말은 '마더mother'와 같은 어머니란 뜻이에요. 그러니까 지하철을 타는 것은 어머니의 품속에 안기는 것과 마찬가지지요.

고대 터키에는 포카이아라는 그리스 민족의 도시가 있었어요. 그때는 아직 세계 지도가 없을 때여서 어느 지역에 어떤 나라가 있는지 알 수가 없었어요. 그래서 포카이아의 지도자들은 이따금 용감한 젊은이들을 시켜 배를 타고 멀리 나가 새로운 도시를 세우도록 했어요. 젊은이들이 새 도시에서 동물이나 과일, 광석 등을 발견하면 든든한 무역 파트너로 만들 수 있기 때문이에요.

어느 날, 프로티스라는 젊은이가 바다로 나갈 시민으로 뽑혔어요. 프로티스는 배를 타고 지중해를 돌아다니다가 두 개의 거대한 절벽 사이로 강과 바다가 만나는 멋진 곳을 발견했어요.

프로티스는 얼른 닻을 내리고 육지로 올라갔어요. 그곳에 살던 원주민 추장이 프로티스를 환영하며 큰 잔치를 베풀어 주었어요. 더구나 추장의 딸인 잡티스를 프로티스와 결혼시켰답니다.

이렇게 낯선 지역 추장의 사위가 된 프로티스는 원주민들과 친하게 지내면서 그곳에 새로운 도시를 세웠어요. 그곳은 일 년 내내 봄 같은 날씨여서 '봄의 땅'이라는 뜻으로 '마살리아Massalia'라고 불렀어요.

기원전 600년대에 세워진 이 도시에는 지금도 많은 사람들이 살고 있는데, 바로 프랑스의 두 번째 대도시인 '마르세유Marseille'를 가리켜요. 이렇게 새로운 도시가 세워지면 젊은이들을 바다로 내보낸 부모의 도시에서는 새 도시가 독립할 때까지 무기, 건축 자재, 식량 같은 것을 보내 주었어요.

대신 새 도시에서는 그곳에서 생산되는 진귀한 물건들을 부모 도시에 싼값으로 팔았고, 부모 도시가 적의 침입으로 위험할 때는 군대를 보내 도와줬어요. 이렇게 해서 새로운 도시의 사람들은 떠나온 조상들의 도시를 '어머니가 계시는 도시'라는 뜻으로 '메트로폴리스 metropolis'라고 불렀어요.

오늘날에는 정치·경제적으로 국제적인 영향력을 가진 런던, 파리, 뉴욕, 서울 같은 대도시를 메트로폴리스라고 불러요.

19세기 중반 무렵, 세계 최고의 메트로폴리스는 누가 뭐라 해도 파리와 런던을 손꼽았어요. 파리 시청 공무원들은 너무 많은 사람이 파리로 몰려들자 골머리를 앓았어요. 사람들이 몰려들기 전까지만 해도 15분이나 20분 정도면 도시 안의 어디든 걸어 다닐 수 있었지만 도시가 날마다 넓어지자 걸어 다니는 게 너무 힘들었어요.

그러자 공무원들은 프랑스 최고의 기술자들을 모아 놓고 빠른 속도로 이동할 수 있는 교통수단을 마련하기로 했어요. 그 결과 지하에 굴을 파 전철을 운행하겠다는 놀라운 아이디어가 나왔어요.

하지만 어떤 방법으로 지하철을 만들 것인지 다투느라 오랫동안 일이 진척되지 못했어요. 결국 1871년이 되어서야 파리 시청에서는 지하철 9개 노선을 동시에 개설한다는 계획을 발표했어요. 하지만 그 뒤에도 각자의 주장이 옳다고 싸우느라 1900년이 되어서야 단 한 개의 노선만 개통시킬 수 있었어요.

파리 시는 이 지하철 시스템을 '르메트로폴리탄 Lemetropolitain'이라고 불렀으며, 이런 이름이 유래가 되어 지금은 세계의 많은 나라에서 지하철을 '메트로metro'라고 부르게 되었어요. 하지만 프랑스보다 먼저 지하철을 설치한 영국에서는 지하철을 '더 언더그라운드The underground'라고 불러요.

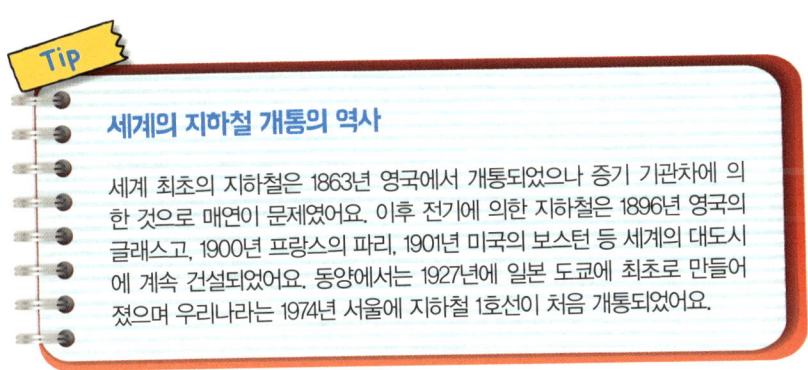

세계의 지하철 개통의 역사

세계 최초의 지하철은 1863년 영국에서 개통되었으나 증기 기관차에 의한 것으로 매연이 문제였어요. 이후 전기에 의한 지하철은 1896년 영국의 글래스고, 1900년 프랑스의 파리, 1901년 미국의 보스턴 등 세계의 대도시에 계속 건설되었어요. 동양에서는 1927년에 일본 도쿄에 최초로 만들어졌으며 우리나라는 1974년 서울에 지하철 1호선이 처음 개통되었어요.

#땡큐, 플리즈
Thank you, Please

언젠가는 갚겠다

　우리 조상들은 예로부터 제아무리 부자이며 권력이 강해도 주변에 사람이 없으면 외로운 법이라고 여겼어요. 하지만 미 대륙에 진출해 수백만 명의 인디언을 잔인하게 죽인 유럽 인들은 사람을 너무 가까이 두면 위험하다고 생각해 왔어요.

　그 예로 '공격'을 뜻하는 '어텍attack'이라는 단어를 들 수 있어요. '어텍'은 '~쪽으로'란 뜻의 '애드ad'와 '붙다'는 뜻의 '스테이콘stakon'이 합쳐져서 생긴 말로 '두 사람이 붙어 있으면 싸운다.'는 의미를 담고 있어요. 또 '폭행하다'라는 뜻인 '어그레스aggress'는 '애드ad'와 '걷다'는 뜻의 '그레이드grade'가 합쳐진 단어로 사람이 가까이 다가오면 폭행을 저지른다는 의미였어요.

그래서 서양 사람들은 평소에도 다른 사람의 기분을 상하게 하는 행동을 절대로 하지 않게 가르쳐 폭력을 미리 막았어요. 바로 이것이 서양 매너의 기본이라고 해요. 한마디로 서양의 매너란 상대에게 맞아 죽기 싫어 몸을 사리는 것이라고 할 수 있어요.

서양인들은 습관적으로 '플리즈Please', '땡큐Thank you' 등의 말을 사용해요. 반면 그런 표현에 익숙하지 못한 한국인들을 이상하게 여긴다고 해요. 그러나 플리즈나 땡큐는 친절하다기보다 냉정하거나 잔인한 내력이 담긴 표현이라고 해요.

'생크thank'는 원래 '생각하다', '떠올리다'를 뜻하는 '싱크think'의 한 형태였어요. 따라서 '땡큐'는 '네가 해 준 일을 꼭 머릿속에 간직하고 있겠어', '언젠가는 갚겠어'라는 말이지요.

그러면 상대는 여러 가지로 답할 수가 있어요. 그중 가장 흔한 답변은 '유아 웰컴You're welcome'이지요. '웰컴welcome'은 '웰well'과 '컴come'을 합친 말이니 '잘 왔다'라는 뜻이에요. 보통 친한 손님이 왔을 때 '잘 왔어', '반가워'라는 뜻으로 쓰이는 말이지요. 아무튼 '유아 웰컴'이란 '너를 친한 손님이라고 생각해서 한 일이니 빚이라고 생각하지 말아 달라'는 뉘앙스를 담고 있어요.

또 '땡큐'라는 인사를 듣고 '마이 플레저My pleasure'라고 대답하면 '내가 좋아서 한 일이니 빚은 아니다.'라는 의미예요. '잇츠 낫싱It's nothing'이라고 대답하면 '별일 아니니까 조금도 빚진 게 아니다.'라는 의미가 담겼대요.

예를 들어 부인이 물 한 잔을 따라 줬는데 남편이 "아이고, 빚졌네요."라고 인사를 했어요. 그러자 부인이 "아니에요. 내가 즐거워서 한 일인데 빚이라 할 수 있나요?"라며 꼬박꼬박 빚이라는 통장을 정리하며 사는 게 서양식 매너랍니다.

17세기 이후 서양 사회가 얼마나 살벌했는지는 '익스큐즈 미Excuse me'라는 표현을 통해 알 수 있어요. 미국 사람들은 버스 안에서 누군가와 살짝 부딪히거나 실수로 발을 밟으면 "익스큐즈 미."라고 정중히 사과를 해요. 여기서 '익스ex'는 '~에서 빼다'란 뜻이고, '큐즈cuse'는 '고발하다'는 뜻이에요. 그러니까 '익스큐즈 미'는 '제발 저를 고발하지 말아 주세요.'라고 번역할 수 있답니다.

실제로 중세 유럽에서는 길에서 돈 많은 사람과 잘못 부딪히면 고의로 밀쳐 싸움을 걸려고 했다거나 모욕을 주려 했다는 이유로 고발당해 벌금을 물었고, 정말 심한 경우에는 사형 선고를 받는 일도 많았대요. 그래서 사소한 잘못을 저질러도 '익스큐스 미'라며 무릎 꿇고 빌었답니다.

"일부러 그런 게 아니라 실수로 부딪힌 것이니 제발 고발하지 말아주세요."

결국 남과 부딪히는 순간 빚을 지게 되었으니 그 빚을 탕감해 달라고 부탁한다는 점에서 '땡큐'와 비슷한 표현이라고 할 수 있지요.

그런가 하면 서양인들은 가족들끼리 사소한 부탁을 할 때도 '플리즈please'라는 말을 습관처럼 사용해요. 원래는 '이프 유 플리즈If you please'라 했는데 이는 '당신의 기분이 내켜서 즐겁게 들어줄 수 있다면 내 부탁을 들어주세요.'라는 뜻이지요. 절대 강요하는 것이 아니니 나중에 따지지 말라는 의미인데 간단히 줄여 '플리즈'라고만 해요.

서양에서 이처럼 친절한 것 같으면서도 그 속뜻이 냉정한 인사말이 발달한 것은 냉정한 사회에서 살아남으려는 행동이라고 해요. 이런 점에서 무뚝뚝하지만 따뜻한 마음을 담아 인사하는 동양과 문화적인 차이를 느끼게 된답니다.